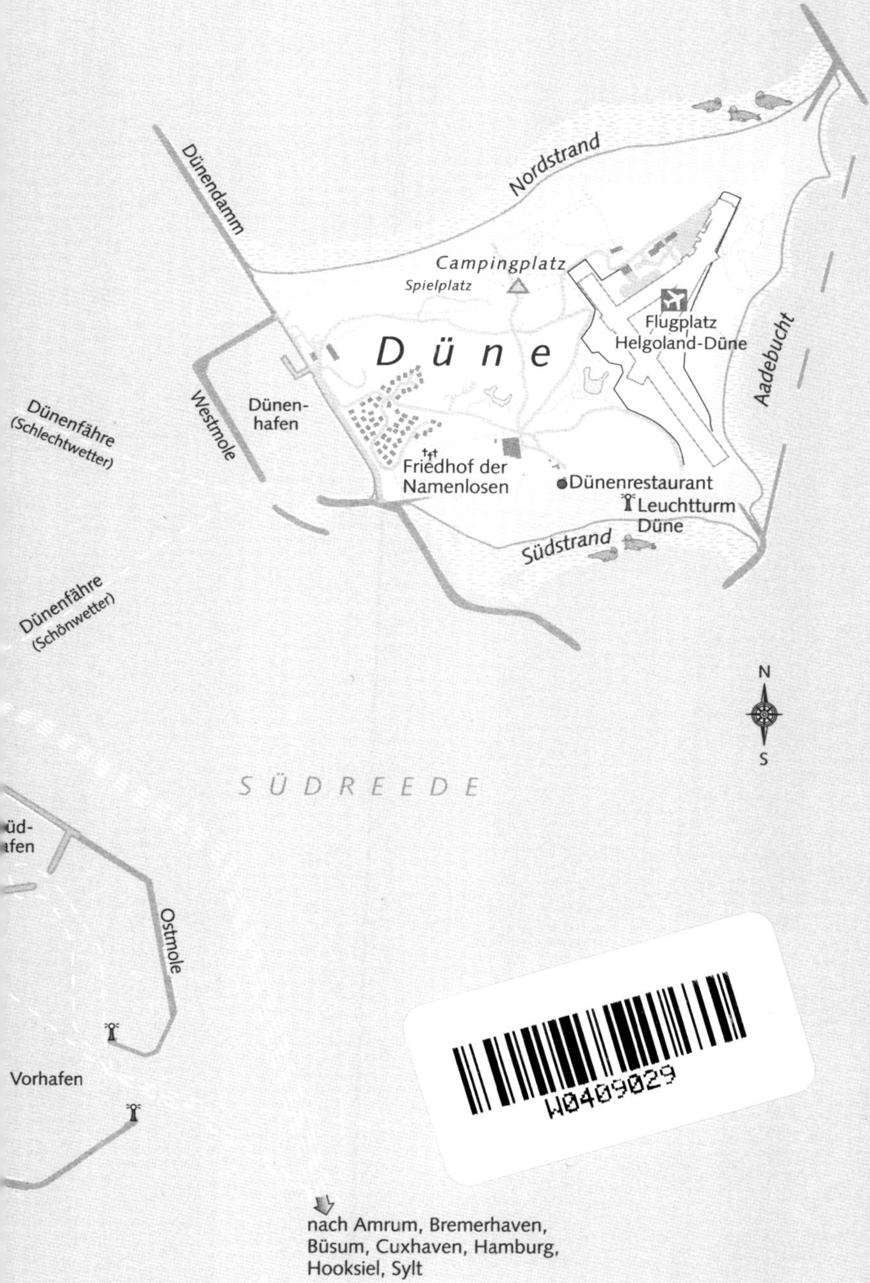
Dünendamm
Nordstrand
Campingplatz
Spielplatz
Düne
Flugplatz Helgoland-Düne
Aadebucht
Dünenhafen
Westmole
Dünenfähre (Schlechtwetter)
Friedhof der Namenlosen
Dünenrestaurant
Leuchtturm Düne
Südstrand
Dünenfähre (Schönwetter)
N
S
SÜDREEDE
Ostmole
Vorhafen
nach Amrum, Bremerhaven, Büsum, Cuxhaven, Hamburg, Hooksiel, Sylt

mare

Irgendwo ins grüne Meer
Hat ein Gott mit leichtem Pinsel
Lächelnd, wie von ungefähr,
Einen Fleck getupft: Die Insel!

Und dann hat er, gutgelaunt,
Menschen diesem Fels gegeben
Und den Menschen zugeraunt:
Liebt die Welt und lebt das Leben!

James Krüss

Der Hotelier sagt, das ist kein Wind. Ich versuche, die Basstölpel zu fotografieren, aber der Wind, der keiner ist, schlägt mir immer wieder die Kamerahand weg. Ich habe meine Kapuze festgezurrt und lehne mich bei jedem Schritt nach vorn, um überhaupt voranzukommen.

Der Hotelier aber sagt, das ist kein Wind. Er erzählt, dass sie sich früher, als Kinder, wenn richtig Wind war, hier oben im Oberland am Zaun festgehalten haben und dann waagerecht in der Luft geflattert sind. Überhaupt ist der Hotelier ein großer Geschichtenerzähler, was vielleicht kein Wunder ist: Er ist ein Neffe von James Krüss, dem größten Geschichtenerzähler der Insel und vermutlich überhaupt bekanntesten Helgoländer.

Was mich fast von den Klippen pustet, was mich voranschiebt oder mir den Weg versperrt und mir den Atem raubt, ist kein Wind. Man meint ja auch immer, die Sonne sei gar keine Sonne, wenn dazu ein frischer Wind weht, aber hinterher hat man dann doch Sonnenbrand und so ein Sausen in den Ohren.

Auf Helgoland kann man immer und von überall aus das Meer sehen. Im Oberland sogar fast rundum, in alle Richtungen, man steht hoch oben und blickt in dieses unendliche Blau, oder vielmehr diese unendlichen Blaus. Hellblau, Dunkelblau, Mittelblau, Knallblau, Königsblau, Azurblau, Babyblau, Glitzerblau, Himmelblau, Eisblau, Grünblau, Graublau, Fastschwarz, Fastweiß, Marineblau, Blaublau, Türkis, Petrol ... man findet schon bald keine neuen Vokabeln mehr. Dazu pustet der Wind einem sofort alles aus dem Kopf, was da nicht drin sein soll, alles, was einem nicht guttut, schlechte Laune, schlechte Gedanken oder Erkältungen. Stattdessen macht sich sofort eine große Ruhe breit und ein großes Glück. Da oben passiert es mir regelmäßig, dass ich einfach lachen muss, nur weil Wind und Blau ist. Lachen, weil der Wind so toll ist und das Blau so blau und alles andere weit weg.

Und dann kommt man an den Vogelfelsen, und aus dem Lachen wird Staunen. Der Helgoländer Lummenfelsen ist Deutschlands kleinstes Naturschutzgebiet, und wahrscheinlich auch das hochkanteste. Stundenlang kann man dort stehen und den Basstölpeln bei ihren Flugmanövern zuschauen, es wirkt, als würden sie das zum Spaß machen. Sie bewegen die Flügel fast gar nicht, sie breiten sie nur aus und stehen in der Luft, und nicht mal die stärkste Windbö kann ihnen etwas anhaben, sie ändern dann eben kurz die Richtung, mit minimalen Flügelbewegungen. Und dann stürzen sie sich kopfüber ins Wasser und kommen mit einem Fisch wieder hoch, und man steht da und staunt und lacht, wegen des Windes, der keiner ist, und ist ganz weit weg von allem.

Dabei sind es nur vier Stunden mit dem Schiff von Hamburg aus.

Es geht so schnell. Mit der S-Bahn an die Landungsbrücken, dort steigt man auf den Katamaran, und sobald man auf einem Schiff ist, fängt der Urlaub ja schon an, anders als bei allen anderen Verkehrsmitteln. Bei allen anderen Verkehrsmitteln ist die Reise an sich eher anstrengend, ein notwendiges Übel. Auf einem Schiff hingegen ist sofort Urlaub. Allerdings fahre ich meistens gar nicht zum Urlaubmachen, sondern zum Schreiben nach Helgoland. Weil dort nämlich nichts ist. Nicht mal Wind.

»Beim Geschichtenschreiben muss man allein sein. Hunde stören dabei. (Aber Katzen nicht.)«, schreibt James Krüss in *Mein Urgroßvater und ich*. Darin wird der Urenkel für zwei Wochen zu seinem Urgroßvater ausquartiert, weil seine Schwestern die Masern haben und er sich nicht anstecken soll. Sowohl der Urgroßvater als auch der Enkel heißen Boy, und der Urgroßvater ist ein ehemaliger Hummerfischer. Auch er ist ein großer Geschichtenerzähler und Dichter, und so sitzen die beiden Boys also in der Hummerbude und erzählen sich Geschichten, oder sie dichten gemeinsam. In all diesen Geschichten und Gedichten geht es um Wörter und Sprache und ums Erzählen. Der zweite Band, *Mein Urgroßvater, die Helden und ich*, dreht sich um Helden. Was ist ein Held, was macht ihn aus? Um es gleich vorwegzunehmen: Der Held ist im Normalfall ein Mann. Aber das wollen wir mal gnädig darauf schieben, dass James Krüss 1926 geboren wurde, da gab es ja praktisch noch gar keine Frauen.

James Krüss, bzw. in dem Fall der Urgroßvater, war sicher ein kluger Mann, und vor allem verstand er etwas vom Schreiben. Aber was Hunde und Katzen angeht, möchte ich ihm doch widersprechen. Ein Hund würde mich vermutlich nicht stören, mich stört nicht mal ein Mensch, solange er ebenfalls schreibt; im Gegenteil, es tut mir sogar ganz gut, wenn neben mir noch eine Tastatur klappert oder gerade nicht klappert, denn es ist tröstlich zu hören, dass »Schreiben« auch bei anderen Leuten nicht bedeutet, dass es pausenlos klappert. Man muss zwischendurch auch viel ächzen und stöhnen und sich die Haare raufen oder stumpf auf den Monitor glotzen. Was aber stört beim Schreiben, ist der Hund Alltag. Vor dem muss man gelegentlich fliehen, einfach woanders sein, wo einen niemand kennt und nichts ablenkt. Außer dem Wind, der keiner ist, und den Robben und Basstölpeln und Trottellummen und dem ganzen Blau. Der Alltag stört, vor ihm braucht man seine Ruhe, und die kann man durchaus in Gesellschaft haben. (Außer in der von Katzen, da bekomme ich nämlich keine Luft.) Damit bin ich auch nicht die Einzige, viele Autorinnen und Autoren fahren zum Schreiben am liebsten weg. Vielleicht, weil man in einem Ferienhaus oder Hotelzimmer nur das Nötigste um sich hat, nicht all die unerledigten Dinge, die Waschmaschine, die Steuer, die Unordnung auf dem Schreibtisch, die ungeputzten Fenster, die brachliegende Mitgliedschaft im Fitnessstudio. Man kann sich auf das Wesentliche konzentrieren. Mit einer anderen Aussicht als sonst. Es schadet nämlich durchaus nicht, beim Arbeiten aufs Meer zu gucken. Aufs Meer gucken schadet nie.

Ich glaube sogar, dass es insgesamt nicht schadet, anderswo hinzugucken als sonst. Viele Jahre habe ich allein zu Hause am Schreibtisch gesessen und Bücher übersetzt. Da saß ich gut, ich mag mein Arbeitszimmer. Aber als ich anfing, selbst zu schreiben, stellte ich irgendwann fest, dass ich das so gut wie nie am Schreibtisch tat. Ich zog mit dem Laptop ins Esszimmer, ins Bett, auf den Balkon, in die Küche, aufs Sofa. Saß mal hier, mal da, stand zum Denken auf und lief herum, setzte mich anderswo wieder hin. Ich schrieb überall, nur nicht am Schreibtisch. Sobald ich übersetzte, saß ich wieder dort. Das mag einerseits damit zusammenhängen, dass ich beim Übersetzen das zu übersetzende Buch auf einem Ständer neben dem Computer stehen habe, damit ist das Herumziehen schon aus praktischen Gründen weniger einfach. Aber ich denke auch immer wieder darüber nach, ob es damit zu tun hat, den Blickwinkel zu ändern.

Beim Übersetzen ist alles schon da, es steht alles im Buch, ich muss mich konzentrieren und das, was da auf Englisch gesagt wird, in meiner eigenen Sprache neu formulieren. Beim Schreiben habe ich den Input nicht direkt vor der Nase, aber ich brauche welchen, bevor ich einen Output produzieren kann, ich brauche offenbar veränderte Blickwinkel. Nicht dass der Anblick meiner Küche wahnsinnig neu wäre, oder der auf meine verlausten Balkonpflanzen besonders inspirierend. Aber irgendwie anscheinend doch.

Ist das so? Braucht man zum Übersetzen mehr Konzentration, zum Schreiben mehr Inspiration? Sind Ortswechsel inspirierend, auch innerhalb der eigenen Wohnung? Was soll das überhaupt sein, »Inspiration«? Thomas Alva Edison soll gesagt haben, »Genie« bestünde aus einem Prozent Inspiration und neunundneunzig Prozent Transpiration. Man weiß halt nicht, ob das eine Prozent einen nun am Esstisch oder im Bett überkommt. Calvin (von Calvin and Hobbes) sagt, zum Schreiben müsse man in der richtigen Stimmung sein, und die richtige Stimmung sei »Last Minute Panic«. Da ist etwas dran, jedenfalls bei mir, ich brauche Druck. Termine. Deadlines. Und neue Aussichten, wie es scheint. Ich habe keine Ahnung, was Inspiration ist und woher sie kommt, aber ich weiß, dass ich zum Schreiben am besten wegfahre. Allein, zu zweit, zu mehreren, und am allerliebsten mit Blick aufs Meer.

Und wenn Alleinsein zum Schreiben völlig in Ordnung ist, so ist die Einsamkeit auf Lesereisen etwas ganz anderes. Man braucht in einer Runde von Schreibenden nur das Wort »Lesereiseneinsamkeit« fallen zu lassen, dann seufzen sofort alle »Oh ja«. Ich liebe Lesereisen. Nach monate- oder jahrelanger Schreibtischarbeit rauszugehen und das fertige Buch in die Welt zu tragen, Menschen zu begegnen und ihnen die eigene Arbeit vorzustellen, das ist grandios. Ich sitze gern auf der Bühne, unterhalte mich mit dem Publikum, tausche mich mit Leserinnen und Lesern aus, und das ist etwas ganz Besonderes und Großes. Aber dann sind nach der Lesung alle wieder weg, und mit ein bisschen Pech hat man vergessen, sich vorher noch eine Apfelschorle zu kaufen, und sitzt mit Leitungswasser aus dem Zahnputzbecher im Hotelzimmer. Am nächsten Morgen Hotelfrühstück mit schwitzenden Käsescheiben und angetrockneter Mortadella (für mich eher Müsli, hoffentlich etwas Obst und ein Kaffee), danach klappt man den Koffer zu, zieht ihn über Kopfsteinpflaster zum Bahnhof und reist in die nächste Kleinstadt, sucht das nächste Hotel, sucht sich etwas zu essen, sucht die Buchhandlung, weiß aber nicht, ob die Buchhändlerinnen nach der Lesung noch essen gehen möchten, holt sich was vom Bäcker oder vom Supermarkt, denn um sechs Uhr allein ins Restaurant gehen ist auch nicht toll. Dann abends wieder Lesung, da ist man wieder wie angeknipst und voll mit Adrenalin und Endorphinen. Hinterher gibt es eventuell Pizza mit den Buchhändlerinnen, abends um zehn, und dann mit schwerem Magen ins nächste Hotelbett. Das ist alles sehr schön, einerseits, andererseits denke ich manchmal: Ich wäre gern eine Band. Dann hätte ich nach dem Auftritt ein paar Vertraute um mich, um den Abend ausklingen zu lassen, vielleicht noch ein, zwei Bier zu trinken und morgens gemeinsam über die grantigen, einsamen Geschäftsmänner in Anzügen im Frühstücksraum zu lästern. Glücklicherweise sind die Buchhändlerinnen, die einen einladen, meistens ausgesprochen reizend, das fängt diese sonderbare Einsamkeit ganz gut auf. Am allerliebsten lese ich aber auf Festivals, wo auch andere Autorinnen und Autoren sind, die man hinterher in der Hotelbar trifft. Selbst wenn man sich noch nicht kennt – man erkennt sich, weil man die Pressefotos gesehen hat, und kann einfach fragen: »Und, wie war's bei dir?« Man hat etwas gemeinsam und fühlt sich wenigstens ein bisschen wie eine Band.

Dass Helgoland für einen Schreibaufenthalt wunderbar geeignet ist, war von der ersten Reise an klar. Meine erste Helgolandfahrt war eine Pressereise, ich war als Bloggerin eingeladen, und der Wetterbericht hatte Sturm angekündigt. Einige Mitreisende jaulten schon vorauseilend, sie würden bestimmt seekrank. Ich werde nicht seekrank, ich werde nie seekrank, ich kenne nämlich den ultimativen Trick gegen Seekrankheit, und der lautet: Gummibärchen. Oder irgendetwas anderes zum Draufherumkauen, denn Kauen stimuliert das Gleichgewichtsorgan im Ohr. Ich werde nicht seekrank, ich habe Gummibärchen, und wenn es schaukelt, mache ich leise *jippie*. Tatsächlich ist kaum Wind, bei der Abfahrt nieselt es ein wenig, hört aber gleich wieder auf. Und noch vier volle Stunden bis Helgoland. Ich freue mich, an den Tagen davor hatte ich ein bisschen Ärger und kann das Meer jetzt gut gebrauchen. Ich stehe am Heck des Schiffs draußen und lasse mich durchpusten. Auf der Elbe darf der Katamaran nicht so schnell fahren, wie er kann, aber sobald man an Cuxhaven vorbei ist und aufs offene Meer kommt, prescht er in beeindruckendem Tempo los. Die See ist ruhig, nach und nach reißt der Himmel auf, die Sonne kommt heraus, und ich lasse meinen Kummer an Land. Wie das Meer das wohl macht? Wenn ich schlecht drauf bin, wenn ich Kummer habe oder Herzschmerz, dann bringt mich ans Meer, und wenn keins da ist, an irgendein anderes Wasser, es funktioniert immer. Erst recht bei so herrlichem Wetter.

Irgendwo auf offener See dürfen wir auf die Brücke, wir halten ein kleines Schwätzchen mit dem Kapitän, er erklärt uns dies und das. Eine Kollegin fragt, ob wir auch mal steuern dürfen, aber aus irgendeinem Grund hat dann nicht sie die Hand auf dem Steuerknüppel, sondern ich. Der Kapitän hat vorher allerdings schnell auf irgendein Knöpfchen gedrückt. »Jaja«, sage ich, »jetzt haben Sie den Autopiloten eingeschaltet, und ich soll mir einbilden, das Schiff zu steuern?« – »Nein«, sagt er, »im Gegenteil, ich habe den Autopiloten ausgeschaltet, sehen Sie?« Er legt seine Hand auf meine, schiebt den Steuerknüppel bis zum Anschlag nach rechts, und das Schiff macht einen wilden Schlenker. Ich dachte, so ein Schiff reagiert langsamer, aber der Katamaran hat ordentlich Fahrt drauf. Der Kapitän schiebt den Steuerknüppel nach links, das Schiff zieht nach links. Dann nimmt er seine Hand weg und sagt: »Jetzt fahren Sie mal dem weißen Schiff da hinterher.« Und ich gucke auf das weiße Schiff und versuche, ihm mit dem Katamaran hinterherzufahren, statt dass ich mich am Radar orientiere, das wäre wahrscheinlich vernünftiger. Aber da könnte ich das Meer nicht richtig sehen.

Die Kollegin fragt, was denn mit dem angekündigten Sturm sei, ob der noch komme. »Ja«, sagt der Kapitän, »aber erst heute Nachmittag. Und morgen regnet es dann.« Aber ach, was verstehen Kapitäne schon von Seewetter? Nachmittags auf der Insel ist kein Wind, schon gar kein Sturm, es ist zwischendurch zwar grau und neblig, aber der Nichtwind pustet das schnell weg, und am nächsten Morgen ist alles blau, und die Insel macht wieder, was sie am besten kann: blauen Himmel, blaues Meer, weißen Sand, grünes Land, rote Klippen.

Eigentlich ist es ein bisschen langweilig, von Hamburg aus nach Helgoland zu fahren. Denn von Hamburg fährt der Katamaran (jedenfalls im Sommer), und der legt im Helgoländer Hafen an. Wenn man aber mit dem Seebäderschiff von Cuxhaven, Bremerhaven oder Büsum ankommt, wird man vor Helgoland ausgebootet. Die Schiffe ankern, und man muss in Börteboote umsteigen, eine Helgoländer Besonderheit: flache Holzboote, etwa zehn Meter lang und drei Meter breit, mit einem starken, innen liegenden Motor und Platz für vierzig bis fünfzig Personen. Man steigt vom Schiff in diese Boote und wird damit an Land gebracht. Jedenfalls im Sommer. Im Winter legen auch die Seebäderschiffe im Hafen an, denn notwendig ist dieses Ausbooten heute nicht mehr, der Hafen ist tief genug. Es wird aber aufrechterhalten, weil es Tradition ist und eine Einkommensquelle für die Helgoländer. Wie überhaupt ein Großteil der Helgoländer Wirtschaft vom Tourismus abhängt.

Blöderweise habe ich die Helgoländer Wirtschaft noch nie durch Ausbooten unterstützt. Weil ich im Sommer immer mit dem Katamaran von Hamburg aus fahre und im Winter auch die Seebäderschiffe im Hafen anlegen. Das Gute daran ist aber: Es gibt auf Helgoland sowieso nicht viel zu tun, keine große Menge an Touristenattraktionen, die man bei x Aufenthalten nacheinander abklappern könnte. Man hat relativ schnell das meiste gesehen. Lummenfelsen, Robben, Bunkerführung, Aquarium, Vogelfanggarten, Inselrundfahrt mit dem Börteboot. Das war's eigentlich. So gesehen ist es schön, dass ich das ein oder andere noch vor mir habe, obwohl ich schon so oft dort war, zum Beispiel das Ausbooten.

Schon auf dieser ersten Reise beschlossen meine Freundin Anne, die ebenfalls als Bloggerin dabei war und ebenfalls an einem Buch schrieb, und ich: Wir müssen mal zum Schreiben herkommen. Uns zu zweit ein paar Tage in Ruhe auf diese winzige Insel zurückziehen und arbeiten.

Wir haben sofort gebucht, eine ganze Woche. Und weil wir beide aus dem Internet kommen, füllten wir unsere Blogs, Twitter und Facebook mit der Insel. Wir benutzten den Hashtag #hauptsachedasbuchwirdfertig und posteten Fotos von blauem Himmel, glitzerndem Wasser, Robben, Basstölpeln und Trottellummen, Fotos von uns selbst mit dem Laptop auf den Knien auf einer Bank vor dem Hotel in der Sonne oder am Tisch draußen vor dem Café. Dazu schrieben wir herzzerreißende Kommentare, wie irrsinnig viel wir arbeiten und was für schlimmen Stress wir haben, und hier noch ein metaphorisches Foto von der Brandung. Natürlich wussten wir, dass uns niemand glauben würde, dass wir arbeiten. Aber tatsächlich haben wir in dieser Woche enorm etwas geschafft, sind gut vorangekommen und haben außerdem schrecklich viel gekichert. Und uns nebenbei irgendwie erholt. (Die Bücher sind auch beide fertig geworden. Nicht auf der Insel, aber später.) Wir waren so produktiv und hatten so viel Spaß, dass wir für ein Jahr später gleich wieder gebucht haben.

Wir waren übrigens nicht die Ersten, die auf die Idee kamen, auf Helgoland zu schreiben. Schon August Heinrich Hoffmann von Fallersleben hat 1842 hier das *Lied der Deutschen* verfasst, und noch vor ihm war Heinrich Heine hier und fand: »Der Himmel hängt voller Violinen, und auch ich rieche es jetzt, die See duftet nach frischgebackenem Kuchen.« Franz Kafka pries die Vollmondnacht als Irrlichtertanz, der »von Haus zu Haus über die schmalen Straßen« hüpfte. Und Friedrich Hebbel schrieb nach Wien: »Die letzten fünf Tage war ich, wo mich niemand suchte, nämlich auf Helgoland.« Ich hingegen poste, wenn ich dort bin, Fotos von Helgoland in den sozialen Netzwerken, sodass jeder wissen kann, wo ich bin. Das ändert aber nichts daran, dass ich eben weg bin. Anderswo.

Hochmut kommt vor dem Fall. Einmal war ich natürlich doch seekrank. Zusammen mit Anne fuhr ich auf der *Funny Girl* von Cuxhaven nach Helgoland; es war Winter, der Katamaran fuhr also nicht, man muss dann mit der Bahn nach Cuxhaven, dort vom Bahnhof aus mit dem Bus zum Hafen und ins Schiff umsteigen. (Der Anleger heißt Alte Liebe, und das ist, zusammen mit dem Hamburger Kehrwieder, vielleicht der schönste Ortsname der Welt.) Erst mal war es ein Glück, dass das Schiff überhaupt fuhr, bei dem Wind, bei den Wellen. Vier Meter Wellenhöhe, das ist nicht nichts. Sondern ganz schön viel. Und überhaupt nicht *funny*. Aber mir macht es ja nichts aus, ich bin seefest (dachte ich), und ich hatte auch weiterhin vor, auf Wellen mit *jippie* zu reagieren. Und natürlich hatte ich Gummibärchen.

Aber bei vier Metern Wellenhöhe halfen nicht mal Gummibärchen. Da half gar nichts mehr. Da fing einer nach dem anderen an zu spucken, Anne war gleich vorne mit dabei. Sie spuckte und spuckte. Irgendwann musste ich zur Toilette, die dummerweise im unteren Deck lag. Ich hangelte mich trotz der Schaukelei unfallfrei die Treppe hinunter, immer schön am Geländer festgekrallt, und stellte fest, was ich mir eigentlich auch hätte denken können: Unten in der Schiffsmitte schaukelt es viel weniger. Ist ja logisch. Am liebsten wäre ich dort geblieben, denn so ganz wohl war mir durchaus auch nicht mehr, aber ich wollte Anne in ihrem Elend nicht allein lassen. Also kämpfte ich mich die Treppe wieder hinauf, und als ich oben ankam, fiel mir auf, wie stark es dort nach Erbrochenem roch. Und nach Würstchen.

Und dann musste ich ebenfalls spucken. Die Schaukelei. Der Geruch. Die Geräusche der anderen Seekranken. Plötzlich war ich total schwach und konnte mich kaum noch rühren, ich saß da und starrte konzentriert auf den Horizont, weil das helfen soll, und versuchte mir einzureden, dass es jetzt schon besser würde. Als ein paar junge Männer kamen und am Tresen lautstark Würstchen und Bier bestellten und zum vierten Mal das Wort Bier und zum achten Mal das Wort Würstchen laut aussprachen, bis einem von ihnen einfiel, er könnte auch noch ein paarmal das Wort Hackepeterbrötchen hinterherschieben (»Oder kumma hier, Hackepeterbrötchen! Sieht au lecka aus!«), da wären wir gern aggressiv geworden, hätten wir die Kraft dazu gehabt. Stattdessen spuckten wir.

Ich nur ein bisschen, Anne allerdings konnte gar nicht mehr aufhören, ihr ging es richtig übel, sie spuckte und spuckte, obwohl in ihrem Magen schon lange nichts mehr drin sein konnte, und die netten Damen von der Besatzung kamen und sagten: »Die Tüten bitte gut zurollen«, und nahmen sie mit und brachten neue Spucktüten und brachten Küchentücher und Servietten zum Mundabwischen und einen kalten Lappen zum Auf-die-Stirn-Legen und sagten Anne, sie solle sich hinlegen. Ich konnte mich gar nicht um sie kümmern, weil ich selbst viel zu elend war und zu schwach und mein Kreislauf schlappmachte und ich schwitzte und fror. Aber alles nicht halb so wild wie bei ihr, sie bekam Schüttelfrost, und die Kellnerinnen kamen immer häufiger vorbei und sahen sie besorgt an, während ich still in meine Tüte spie.

Aber irgendwann ist so eine Fahrt ja doch zu Ende. In dem Moment, in dem wir die Helgoländer Hafenmauer passierten und es aufhörte zu schaukeln, wurde es schlagartig besser. Eine Kellnerin kam und erklärte Anne, sie brauche jetzt Elektrolyte und Zucker, stellte ihr eine Packung Erdnüsse und eine Fanta hin und rührte noch ordentlich Zucker hinein. Annes Protest duldete sie nicht. »Zucker«, sagte sie. »Salz. Sie brauchen das. Keine Widerrede. Noch bevor Sie hier aufstehen.« Ihr sei Fanta schon ohne Extrazucker zu süß, sagte Anne, aber die Kellnerin guckte streng. Bis wir angelegt hatten, hatte Anne immerhin die Hälfte der Fanta geschafft, bei den Erdnüssen habe ich ihr geholfen.

Im Hotel wurden wir mit betont besorgtem Unterton und der Frage, wie es uns gehe, begrüßt. »Oh«, sagten wir, »hat es sich schon rumgesprochen?« – »Nein«, sagte die Dame an der Rezeption, »aber wir sehen ja, was da draußen los ist. Wir dachten nicht, dass das Schiff überhaupt kommt.«

Wir fielen in ein wunderbares, herrliches Hotelbett, schliefen auf der Stelle ein und schliefen zwei Stunden tief und fest. Danach war alles besser, nur dass Anne am nächsten Tag tatsächlich Muskelkater vom Kotzen hatte und beim Abendessen der Boden noch mal ein bisschen schwankte.

Schwanken ist auch mein vorherrschendes Gefühl beim Schreiben. Soll ich überhaupt schreiben? Ist das alles richtig so, wie ich es mache? Und was heißt schon *richtig*, es sollte ja am besten sogar *gut* werden. Wie soll das denn gehen? Und: Bringe ich die Figur jetzt zu allem anderen auch noch in *diese* Situation? Soll ich etwas über das Wetter schreiben, oder ist das langweilig? Stimmt der Rhythmus? Ist das Kitsch? Wieso fällt mir nichts ein? Wieso fällt mir so viel ein? Wieso fühlt sich nichts von dem, was mir einfällt, richtig an? Will das jemand lesen?

Ich schwanke beim Schreiben wie ein Schiff bei Seegang. Manchmal mache ich dann *jippie*, manchmal wird mir schlecht. Immer ist mir ein bisschen flau beim Schreiben. Das Schwanken hört erst auf, wenn ich die Hafenmauer passiert habe, wenn ich also schon am Ziel bin, wenn das Buch zum ersten Mal »fertig« ist. Dann kenne ich meine Figuren und meine Geschichte, und dann muss ich natürlich von vorn anfangen und alles überarbeiten, baue um, streiche, ergänze, korrigiere, habe aber immerhin einigermaßen Boden unter den Füßen, der nur noch ein bisschen nachschwankt. Bis dahin versuche ich, geradeaus zu gucken und mich auf den Horizont zu konzentrieren. Und kaue Gummibärchen.

Ein einziges Mal bin ich nach Helgoland geflogen. Mit einem winzigen Flugzeug, natürlich, denn der Flughafen auf der Düne, Helgolands kleiner Schwesterinsel, ist auch winzig. Vorne sitzt der Pilot, dahinter befinden sich vier Bänke mit Platz für je zwei Personen. Der Flug dauert zwanzig Minuten von Büsum aus, die Flughöhe beträgt 400 bis 500 Meter, und es ist wunderschön. Die Fenster sind nach außen ausgebeult, sodass man den Kopf reinstecken und direkt nach unten blicken kann, angeblich sind sie deswegen so gebaut, damit man die Robben auf den Sandbänken zählen kann. Neben mir sitzt Anne. »Guck«, sage ich, »guck mal, wie das glitzert! Ist das nicht schön?« Sie drückt stumm meine Hand. Die Maschine rappelt und rattert, es ist durchaus auch ein bisschen beängstigend, aber so schön! Herrliches Wetter, blauer Himmel, blaues Wasser, und viel zu schnell taucht vor uns schon Helgoland auf. Wir landen supersanft, alles ist toll.

Wir steigen aus und gehen über das Rollfeld zum Flughafengebäude. Kurz nach uns landet ein weiteres dieser Miniflugzeuge, es torkelt im Landeanflug beängstigend. Ich bin froh, dass wir nicht da drinsaßen.

Beim Abendessen erfahren wir, dass der torkelnde Flieger, als er etwas später gerade zum Rückflug aufgebrochen war, nach wenigen Metern abgestürzt ist. »Wie ein Stein«, heißt es. Der Pilot und die drei Passagiere sind unverletzt, das Flugzeug hatte gerade erst abgehoben und ist noch auf Sand gefallen. Seither bin ich nur noch mit dem Schiff gefahren, das ist viel bequemer, und irgendwie ist es sowieso Quatsch, nach Helgoland zu fliegen.

Ich habe aufgehört zu zählen, wie oft ich zum Schreiben auf der Insel war. Allein, zu zweit, für ein verlängertes Wochenende oder eine ganze Woche, einmal sogar für zwei Wochen am Stück, ganz allein. Der Hotelier hatte mir vorab gesagt, er habe kein Zimmer für zwei Wochen frei, aber eins seiner Hotels werde demnächst umgebaut und renoviert, das stehe leer, die Möbel seien aber noch drin, nur im Restaurant sei schon der Teppich rausgerissen. Da könne ich rein, ich würde einen Haustürschlüssel bekommen, es sei halt sonst niemand da. Klar, kein Problem.

Als ich ankomme, fragt er, ob ich *The Shining* gesehen habe. Habe ich natürlich nicht, ich gucke mir doch keine Filme an, von denen ich weiß, dass sie gruselig sind. Ich schreibe auf Facebook, dass ich mutterseelenallein im Hotel bin, keine weiteren Gäste, kein Personal, keine Ahnung, was in den anderen Zimmern ist. Dass ich einen Haustürschlüssel habe. Dass der Hotelier gefragt hat, ob ich *The Shining* gesehen habe. Alle sorgen sich, ob ich mich nicht zu Tode grusele, und fragen, ob ich nicht umziehen kann und wie ich klarkomme. Danke, ich komme sehr gut klar. Zwar schließe ich nachts nicht nur das Haus von innen ab, sondern auch mein

Zimmer, aber ansonsten denke ich: Das hier ist Helgoland. Wovor soll ich mich fürchten? Es gibt hier keine Verbrecher. Normalerweise schließt hier niemand irgendetwas ab, und wenn doch, lässt er den Schlüssel stecken. Die Insel ist klein, jeder kennt jeden, und man kommt ja auch nicht weg. Welche Sorte Verbrechen sollte man da begehen? Im Internet findet man ein ziemlich lustiges Video zum Thema »Helgoland hat jetzt ein Polizeiauto«. Darin amüsieren sich eigentlich alle über dieses Polizeiauto, denn das braucht wirklich kein Mensch. Zu Fuß erreicht man alles genauso schnell, und im Übrigen gehe ich sowieso nicht davon aus, dass ich die Polizei rufen muss, wenn ich allein im Hotel schlafe.

Tatsächlich spreche ich Jahre später mit einem Inselpolizisten, der sagt, manchmal bräuchten sie das Auto durchaus. Die Polizeiwache befindet sich nämlich kurz vor dem Südhafen, und wenn in der Jugendherberge, die am Nordstrand liegt, einer randaliere, dann seien sie mit dem Auto sehr wohl deutlich schneller da. Das dürfte allerdings auch fast die einzige Strecke sein, für die das gilt. In meinem Hotel randaliert natürlich niemand, es ist ja außer mir niemand da, und allein randalieren macht keinen Spaß.

Mit der Feuerwehr allerdings hatte ich schon mal Kontakt. Ich war mit Anne da, das Wetter war ausnahmsweise grau, wir saßen vormittags nebeneinander auf dem Bett, die Laptops auf den Knien, eine Kilotüte M&Ms (Zollfrei! Steuerfrei!) zwischen uns. Wir sahen aufs Meer, hörten seinem sanften Rauschen zu, dachten so vor uns hin und klapperten leise mit den Tastaturen. Plötzlich: Martinshörner. Auf Helgoland! Sie kamen näher, und direkt vor unserem Fenster blieben gleich drei imposante Feuerwehrautos stehen. Die

Feuerwehrleute sprangen aus den Wagen, setzten sich Gasmasken auf, und wir riefen aus dem Fenster: Sollen wir raus? Einer schüttelte den Kopf und zeigte aufs Nebenhaus.

Wir klemmten uns trotzdem die Laptops unter den Arm und gingen auf die Straße, denn man möchte ja doch nicht, dass das Feuer auf das eigene Hotel übergreift, während man drin sitzt und ein lustiges Buch schreibt. Draußen fiel uns auf, dass das Nebenhaus leer stand, und den Feuerwehrleuten fiel auf, dass es gar nicht brannte.

Es brannte eine Reihe weiter hinten. Feuerwehrautos rechtsherum, wir linksherum, wir Gafferinnen. Es gab aber nicht viel zu sehen, in einem Restaurant mit dem erstaunlichen Namen Bielefelder Hof brannte die Fritteuse, hörten wir von jemandem, der auch dort stand, denn wir waren natürlich nicht die einzigen Gaffer. Für eine Fritteuse war das Aufgebot ziemlich beeindruckend: drei Wagen mit verblüffend gründlich verknoteten Schläuchen, mit Sauerstoffflaschen und allem Pipapo. Bis sie die Schläuche entknotet hatten, war die Fritteuse schon mit dem Feuerlöscher gelöscht. Ich hätte gar nicht gedacht, dass Helgoland überhaupt drei Feuerwehrautos hat, denn das dürfte dann schon bald die Hälfte aller Helgoländer Autos sein. Es gibt noch zwei, drei Wägelchen, die das Gepäck vom Anleger zu den Hotels transportieren, und es gibt ein Taxi. Und das Polizeiauto. Alle Autos fahren elektrisch, denn natürlich gibt es keine Tankstelle. Ansonsten ist die Insel nicht nur autofrei, sondern sogar fahrradfrei, in der deutschen Straßenverkehrsordnung steht ausdrücklich:

§ 50 Sonderregelung für die Insel Helgoland:
Auf der Insel Helgoland sind der Verkehr mit Kraftfahrzeugen und das Radfahren verboten.

Kinder unter zwölf Jahren dürfen allerdings im Winterhalbjahr, wenn deutlich weniger Touristen dort sind, doch Fahrrad fahren, denn sie sollen es ja lernen. Ansonsten haben die Helgoländer eine Art Zwischending aus Fahrrad und Tretroller für sich entdeckt, das in der Straßenverkehrsordnung nicht ausdrücklich erwähnt, also auch nicht verboten ist. Im Allgemeinen herrschen hier aber wenig Hektik und Eile, alles wirkt geruhsam, und man ist auch zu Fuß in zehn Minuten überall.

Helgoland ist ungefähr einen Quadratkilometer groß, hinzu kommt die benachbarte Düne, die ist etwas kleiner. Dauerhaft bewohnt ist nur die Hauptinsel, auf der Düne gibt es einen Campingplatz und ein paar Bungalows für Feriengäste. Die Düne besteht, wie der Name schon sagt, vor allem aus Sand. Die Hauptinsel hingegen ist ein hoher roter Felsblock mit senkrechten Kanten. Das Dorf liegt obendrauf und unten auf dem Sockel des Felsblocks, die Insel teilt sich in Oberland und Unterland. Zwischen Ober- und Unterland liegt eine ziemliche Treppe, für kleines Geld fährt aber auch ein Aufzug. Wenn ich einen Koffer ins Oberland schaffen muss, nehme ich den, ansonsten geht es mir gegen die Ehre, und ich betrachte die Treppe als Sportprogramm. Ich hörte von Touristen, die fragten, ob der Aufzug auch wieder runterfährt, und von solchen, die fragten, ob der Klippenrundweg dann auch wieder an der Treppe endet. Wenn ich Chefin von Helgoland wäre, würde ich als allererste Amtshandlung eine Rutsche vom Oberland ins Unterland bauen lassen, das drängt sich doch geradezu auf, wieso gibt es keine Rutsche? Die Insel ist quasi dafür gemacht! Jedes Mal denke ich das, wenn ich vor diesem imposanten roten Felsbrocken stehe. In einem normalen Erwachsenenleben rutscht man ja insgesamt viel zu wenig. Am besten wären gleich zwei Rutschen, eine, um flott und trocken vom Oberland ins Unterland zu kommen, und eine zweite, die am Nordstrand direktemang ins Wasser führt. Ich wär dabei. Und ich kann mir vorstellen, dass die Idee auch James Krüss gefallen hätte.

Die Bebauung verteilt sich auf nur etwa einem Drittel der Gesamtfläche der Insel, der Rest ist Grünland. Oben auf dem Oberland weiden ein paar Schafe und Rinder, und es gibt eine Ecke mit Schrebergärten. Helgoland wurde im Krieg vollständig zerstört. Im April 1945 warfen knapp 1000 britische Flugzeuge 7000 Bomben ab, etwa 2500 Helgoländer saßen in Bunkertunneln tief im Inneren des Felsens und wurden kurz darauf samt und sonders evakuiert. Ihre Häuser lagen in Trümmern, die Insel war nicht mehr bewohnbar.

Nach dem Krieg hatten die Engländer Helgoland besetzt und wollten 1947 die Bunkeranlagen und sonstige militärische Anlagen zerstören. Sie füllten die U-Boot-Bunker und das Tunnellabyrinth mit Sprengstoff und brachten sie zur Explosion. Es war die größte nicht nukleare Sprengung der Geschichte (bis 1986), Augenzeugen sagten, sie hätten nicht gedacht, dass von Helgoland noch etwas übrig bleiben würde. Es blieb glücklicherweise das meiste übrig, aber seither gibt es außer Ober- und Unterland auch noch ein Mittelland.

Danach benutzten die Briten die Insel als Übungsgelände für Bombenabwürfe. 1952 ging Helgoland an Deutschland zurück und wurde wieder besiedelt, die Bombenkrater sieht man bis heute, und man findet auch bis heute noch Blindgänger. Helgoland hat längst nicht alles, was es anderswo gibt, aber es hat einen eigenen Kampfmittelräumdienst.

Der Schutt der alten Häuser wurde teilweise einfach ins Meer gekippt. Nach Sturmfluten kann man am Nordstrand noch heute manchmal Geschirrteile, Nazi-Devotionalien oder Reste von Spielzeug finden. Die neuen Häuser, die in den Fünfzigerjahren gebaut wurden, wurden mit einem Platzbedarf von 20 qm pro Person geplant, 10 qm pro Feriengast. Entsprechend klein sind die Häuser, und sie stehen dicht beieinander, mit nur schmalen Gassen dazwischen. Außerdem stehen sie gegeneinander versetzt, zum einen, damit der Wind nicht so durch die Gassen pfeift, und zum anderen, damit möglichst viele Meerblick haben, wenigstens durchs Dachfenster. Der Hamburger Künstler Johannes Ufer entwickelte eigens für Helgoland eine Farbpalette, nach der diese Häuser gestaltet wurden. In den Fünfzigerjahren war das alles neu und modern, heute nennen die einen es »die blaue Mauritius der jungen bundesrepublikanischen Architektur«, die anderen finden es scheußlich.

Tatsächlich ist einiges scheußlich. Betonmauern, wohin man sieht, insgesamt sicher einige Kilometer lang, und rostige Spundwände. Betontetrapoden als Wellenbrecher. Diese Tonnen und Tonnen und Tonnen von Beton nennt man Küstenschutz. Küstenschutz bedeutet offenbar, dass man die Küste einfach wegmacht – die eigentliche Küste, die natürliche, muss irgendwo unter dem ganzen Beton und den rostigen Spundwänden liegen. Nur läge sie da ohne den Beton wahrscheinlich gar nicht mehr, sondern das Meer hätte die

Insel inzwischen noch kleiner gemacht, das macht es sowieso immer mal wieder. Und eigentlich haben die Tetrapoden sogar einen gewissen Charme, mit ihrer brutalistischen Anmutung und wie sie da durcheinander herumliegen und zwischen ihnen das Wasser hochstiebt. In den Schmuckläden kann man kleine Tetrapoden als Kettenanhänger kaufen.

Aber außer hässlich ist Helgoland auch noch zauberhaft. Es fängt schon an, wenn man vom Hafen Richtung Ortskern geht und an den Hummerbuden vorbeikommt. Bunte Einzimmerhäuschen mit kleinen Souvenirläden, Fischbrötchenbuden, einer Fotografin, dem Verein Jordsand, der sich um See- und Küstenvogelschutz und Naturschutz kümmert, und Duty-free-Shops. Da ist man schon gleich verzückt, weil es ein bisschen unwirklich wirkt, wie ein Spielzeugdorf. Und dann kommt man in den Ort und … tja. Mag es oder mag es nicht. In der Gruppe meiner ersten Helgolandreise war einer, der sich gar nicht mehr einkriegte, wie scheußlich er das alles finde. Das betraf allerdings nicht nur die Architektur, sondern auch die Spießigkeit, die Gardinen in den Fenstern, die Kunstblumen, die Vorgartendeko und die »Zimmer frei«-Schilder. Ganz fürchterlich sei das doch!

Nun ja. Weltläufigkeit, Coolness und Mondänität wurden noch nie in Tausend-Seelen-Dörfern geboren. Ich gestehe, ich musste mich auch erst mal eingucken, sozusagen. Ich fand es nicht auf den ersten Blick schön. Bis auf die Farben von Johannes Ufer, die mochte ich von Anfang an. Sie sind kräftig, aber nicht knallig – blau, grün, rot, gelb, orange, alle mit einer dezent erdigen Abtönung. Im Unterland sind sie ein bisschen forscher, oben etwas zurückhaltender. Diese Farben machen sofort gute Laune, sie haben so etwas Vergnügtes, ohne einem auf die Nerven zu gehen. Eher stillvergnügt; sie sind eindeutig präsent, machen aber keinen Lärm. Solche Farben möchte man um sich haben. Ich mag auch, dass das Blau, das drum herum ist, das Blau des Meers und das Blau des Himmels, sich in Ufers Farbpalette spiegelt, aber ihm sind auch die anderen Farben zur Seite gestellt. Viele Häuser sind gleich gebaut, haben aber unterschiedliche Farben; andere Häuser sind in der Form ganz anders, bedienen sich aber derselben Farbpalette, und so entsteht ein fröhlich geordnetes Durcheinander von Verwandtschaften.

Inzwischen mag ich auch die Architektur, vor allem als Gesamtensemble, dieses Dichtgedrängte, und mir gefällt, dass die Häuser Namen haben. Vielleicht ist das noch der britische Einfluss. Mein Lieblingshäusername ist *Glück im Winkel*. Wann immer ich auf Helgoland bin, muss ich ein Foto von diesem Hausschild machen. Andere haben Helgoländische Namen, oder sie heißen wie Menschen, Schiffe oder Städte: *Hoyshörn* oder *Johnny* oder *Wappen von Helgoland* oder *Glücksburg*. (Hoyshörn ist eigentlich eine Helgoländer Felsformation.) Es gefällt mir, den Häusern Namen zu geben und sie sozusagen als Familienmitglieder zu betrachten, als Persönlichkeiten. Aber cool oder hip ist hier nichts.

Dass alles ein wenig aus der Zeit gefallen wirkt, gilt leider auch für die Restaurants. Es gibt Fleisch und Fisch und Fleisch, dazu Soßen aus Zehnlitereimern, es gibt Cordon bleu mit Kroketten und Hollandaise, und wenn man nach einem vegetarischen Gericht fragt, bekommt man totgekochten Blumenkohl mit trockenen Salzkartoffeln. Mit etwas Glück wird der Kohl noch mit Käse überbacken, dazu laufen die herrlichsten Schnulzen aus den Achtzigern. Der Fisch, den Touristen gern bestellen, weil man ja mitten im Meer ist, kommt vom Hamburger Fischmarkt, denn hier wird gar nichts mehr angelandet. In den letzten Jahren hat sich die kulinarische Lage deutlich gebessert, inzwischen gibt es ein paar wirklich ordentliche Restaurants, aber dort muss man meist zeitig reservieren, um überhaupt noch einen Platz zu bekommen. Oder man wohnt in einer Ferienwohnung und kocht selbst. Wer auf Reisen Wert auf Komfort und Luxus legt, ist auf Helgoland eher falsch. Wer Natur möchte und rundum das Meer, das Blau und das Glitzern, der ist hier richtig.

Zwei wirklich feine Helgoländer Spezialitäten gibt es allerdings: Hummer und Knieper. Der Hummerfang hat hier eine lange Tradition, in den Dreißigerjahren wurden um Helgoland herum bis zu vierzig Tonnen jährlich gefangen, das waren bis zu 80 000 Tiere. Unvorstellbar. Heute sind die Bestände so sehr zurückgegangen, dass nur noch ein paar Hundert Hummer im Jahr gefangen werden dürfen. Gleichzeitig werden sie in einer Aufzuchtstation auf der Insel gezüchtet und dann ausgewildert, damit sich die Population erholen kann. Hummer ist auf Helgoland also ebenso teuer wie anderswo auch und nur gelegentlich zu haben. Ich hatte noch keinen.

Aber ich hatte Knieper, und zwar so richtig: Knieper (= Kneifer) sind die Scheren des Taschenkrebses. Viel Fleisch ist da nicht drin, aber dafür sind die Scheren erstaunlich stabil; man bekommt sie auf einem verbeulten Metallteller serviert, dazu einen amtlichen Holzhammer. Was dann folgt, macht sowieso schon Riesenspaß, und wenn man ein paar

Kinder dabeihat, noch mehr. Es genügt nämlich keineswegs, damenhaft und elegant mal vorsichtig bei den Scheren anzuklopfen. Man muss schon ordentlich draufhauen. Fest. Und laut. Und mehrfach. Damit die Scheren brechen und man an das Fleisch gelangt. Die paar Kalorien, die man dann bekommt, hat man wahrscheinlich schon beim Hämmern verbraucht, aber das ist es wert, offenbar spricht es irgendwelche archaischen Instinkte an, sich das Essen erst erarbeiten zu müssen. Und wann darf man schon mal mit dem Holzhammer auf sein Essen eindreschen? Man kann natürlich auch an einer beliebigen Fischbrötchenbude ein Knieperbrötchen bestellen, das kommt ohne Hammer und ist auch gut, macht aber lange nicht so einen Spaß.

Einen Platzbedarf von zwanzig Quadratmetern pro Person würde man heute nicht mehr kalkulieren, die allermeisten Menschen möchten mehr. Und so leben heute auf der Insel – je nachdem, wen man fragt – offiziell um die 1400 Menschen, aber davon sind längst nicht alle immer da, viele haben noch eine Wohnung in Hamburg oder anderswo auf dem Festland. Im Winter sind es deutlich weniger. Und neue Helgoländer wird es auch nicht mehr geben, zumindest keine gebürtigen, denn schwangere Frauen müssen schon in den letzten Schwangerschaftswochen von der Insel runter aufs Festland. Es gibt zwar eine gelernte Hebamme, aber falls es zu Komplikationen kommt, sind keine Fachärzte da.

Für einen Feriengast wurden im Wiederaufbau zehn Quadratmeter veranschlagt. Auch das dürfte heute schwer vermittelbar sein, die Zimmer sind inzwischen doch ein bisschen größer. Aber durchaus nicht riesig. Früher sind Helgoländer Familien im Sommer teilweise in den Keller gezogen und haben ihre Wohnungen an Feriengäste vermietet. Es ist nämlich so: Früher war durchaus nicht alles besser.

Schon vor dem Krieg hat Helgoland hauptsächlich vom Tourismus gelebt. Und nach dem Krieg kamen die Touristen wieder, bis zu zehntausend Tagesgäste, eigentlich eine unvorstellbare Menge auf einer so kleinen Insel. Sie kauften zollfrei ein und fuhren nachmittags wieder zurück. Diese Butterfahrten gibt es in dem Ausmaß nicht mehr, aber die Insel ist weiterhin zoll- und mehrwertsteuerfrei, und es gibt immer noch zahllose Geschäfte für die entsprechenden Produkte. Heute kommen im Jahr knapp 400 000 Touristen, und immer mehr bleiben für ein paar Tage. Das bedeutet, es gibt mehr Ferienwohnungen und dadurch wiederum weniger Wohnraum für Helgoländer. Allerdings wurden in den letzten Jahren einige neue Häuser im Oberland gebaut, und die waren wohl auch dringend nötig – auch wenn heute nur noch etwa halb so viele Menschen auf der Insel leben wie in den Fünfzigern. Die Bevölkerungsstruktur hat sich ebenfalls verändert, es gibt heute viele Einwohnerinnen und Einwohner aus aller Welt, die vor allem im Sommer im Tourismusbereich arbeiten, hinzu kommen seit einigen Jahren die Mitarbeiter der Offshore-Windparks. Die Windparks haben übrigens auch den Blick aufs Meer verändert, bei klarer Sicht sieht man sie heute in mehreren Richtungen irgendwo am Horizont.

Der bekannteste Insulaner ist sicherlich James Krüss. Schon als ich das erste Mal nach Helgoland fuhr, sagten alle: »Oh, da musst du Krüss lesen!« Ein paar seiner Bücher hatte ich bereits als Kind gelesen, hatte aber wenig Erinnerung daran. Ich erinnere mich nur noch an meine Überraschung, als ich irgendwann in meiner Jugend feststellte, dass Helgoland tatsächlich existiert; bis dahin hatte ich es für eine Erfindung gehalten, für so etwas wie Lummerland, und irgendwie ist es das ja auch. Jedenfalls packte ich *Mein Urgroßvater und ich* ein, weil das aus irgendeinem Grund in unserem Bücherregal stand, ohne jedoch zu ahnen, dass sich das ganze Buch um das Erzählen dreht, um Wörter, Sprache, Geschichten und Gedichte. Und so war ich gleich bei meinem ersten Aufenthalt nicht nur von der Insel verzückt, sondern auch von Krüss und seinen kleinen Erkenntnissen über das Schreiben.

James Krüss wurde 1926 auf Helgoland geboren, hat dort allerdings nur fünfzehn Jahre gelebt. 1941 wurden die Helgoländer Kinder und Jugendlichen zunächst nach Thüringen und Sachsen verschickt, Krüss besuchte danach Lehrerbildungsanstalten in Schleswig-Holstein und Niedersachsen und meldete sich 1944 zur Luftwaffe. Das Ende des Krieges erlebte er im Sudetenland und kehrte von dort aus nach dem Krieg zu Fuß nach Cuxhaven zurück, wo seine Eltern waren. In seinem autobiografischen Roman *Der Harmlos* schreibt er, er sei als junger Mann überzeugter Nationalsozialist gewesen, habe sich aber auf seiner langen Wanderung von diesem Gedankengut abgewandt.

Helgoland lag nach dem Krieg in Schutt und Asche, eine Rückkehr war zunächst nicht möglich. 1946 erschien das erste Buch von James Krüss, *Der goldene Faden*, im selben Jahr nahm er ein Studium an der Pädagogischen Hochschule in Lüneburg auf, das er 1948 abschloss. Allerdings arbeitete er dann nie als Lehrer, sondern gründete die Zeitschrift *Helgoland*, die sich vor allem an die evakuierten Helgoländerinnen und Helgoländer richtete. Bereits 1949 zog er in die Nähe von München, lernte Erich Kästner kennen und widmete sich dem Schreiben von Hörspielen und Kinderbüchern. 1960 erhielt er für *Mein Urgroßvater und ich* den Deutschen Jugendliteraturpreis und wurde plötzlich berühmt. Er schrieb, arbeitete beim Fernsehen, wo er auch eigene Sendungen hatte, und kaufte sich schließlich Mitte der Sechzigerjahre ein Haus auf Gran Canaria, wo er bis zu seinem Tod 1997 mit seinem von dort stammenden Lebensgefährten lebte. Auf Helgoland hat er nie wieder gelebt, sagte allerdings selbst, er habe dort »das Leben gelernt«.

Das Inselthema ist ihm aber geblieben, viele seiner Geschichten spielen auf Inseln, etwa *Die glücklichen Inseln hinter dem Winde*, teilweise auch ausdrücklich auf Helgoland, wie zum Beispiel *In Tante Julies Haus* oder *Der Leuchtturm auf den Hummerklippen*. Vielleicht ist es kein Zufall, dass es ihn dann wieder auf eine Insel gezogen hat – allerdings auf keine deutsche. Krüss hatte 1938 als Jugendlicher den aufsehenerregenden Homosexuellenprozess auf Helgoland miterlebt, und in Deutschland wurden die Paragrafen 175 und 175 a noch bis Ende der Sechzigerjahre angewendet, ganz gestrichen wurden sie erst 1994. In Spanien war man da offener.

In dem Dokumentarfilm *James Krüss oder die Suche nach den glücklichen Inseln* sagt Klaus Doderer über James Krüss:

> »Das Inselmotiv ist in der Tat ein ganz zentrales Motiv in all seinen Werken geblieben. Und es hat verschiedene Schattierungen, meines Erachtens. Die eine Schattierung ist, es ist eine Fluchtmöglichkeit. Die andere ist: Die Insel ist für ihn immer ein überschaubares Feld. Da gelten nicht die industrialisierten, großkapitalistischen Verhältnisse, wo es Konsumenten gibt und wo es große Unternehmen gibt, sondern es ist ein Gebiet, auf dem noch Nachbarschaftsverhältnisse vorherrschen.«

Schreiben ist auch eine Insel. Man ist allein mit dem Text, abseits von allem anderen, und man bleibt gedanklich auch dann, wenn man gerade nicht am Schreibtisch sitzt, immer irgendwie bei der Geschichte, bei den Figuren, bei dem Thema, mit dem man sich gerade befasst. Man findet im Alltag plötzlich Dinge, die man für den aktuellen Roman gebrauchen kann, man hält immer die Augen offen nach verwendbarem Material – dadurch tickt man in dieser Zeit irgendwie anders als alle anderen um einen herum, weil man andere Dinge wahrnimmt oder die gewohnten Dinge anders wahrnimmt. »Schreiben« findet nicht nur in dem Moment statt, in dem man tippt, sondern man ist, zumindest im Hinterkopf, die ganze Zeit auf seiner eigenen Insel. Und diese Insel versteht auch niemand so richtig. Selbst wenn Freunde und Familie wissen, woran man arbeitet, selbst wenn sie mitzudenken versuchen, wenn sie irgendwelche Vorschläge machen (»Guck mal hier, kannst du das für dein Buch gebrauchen?«), dann funktioniert es meistens nicht. Diese Vorschläge kommen mir manchmal ganz und gar abseitig vor, ich verstehe zwar, wie jemand darauf kommt, kann den Hinweis auf dieses oder jenes Detail aber überhaupt nicht gebrauchen, weil ich mit dem Kopf längst woanders bin, schon über diesen Punkt hinaus oder noch nicht dort angekommen, oder weil die anderen meine Figur gar nicht kennen, die ich selbst auch noch nicht besonders gut kenne, der ich mich gerade erst annähere. Manche Vorschläge sind natürlich super. Aber je konkreter sie werden, desto abwegiger kommen sie mir oft vor. »Du könntest ja noch einen Mord / einen Hund / ein Kind einbauen« – nein, kann ich nicht. Passt nicht. Oder ist vielleicht längst drin. Jedenfalls muss ich selbst darauf kommen, oder meine Figuren müssen darauf kommen. Von außen funktioniert es nicht, man kann niemanden mitnehmen auf die Insel. Man ist allein dort. Wie Robinson. Jedenfalls am Anfang. Sobald ich das Gefühl habe, da ist überhaupt eine Insel, ich schwimme nicht mehr nur, ich bekomme Boden unter die Füße, wird es besser. Dann dürfen auch die ersten Leute erste Teile lesen.

> »Inseln sind übersichtliches Gelände. Man kann sehen, wo eine Insel anfängt, und man kann sehen, wo sie auf-

> hört, und das hat sie mit einer Geschichte gemeinsam: Eine gute Geschichte fängt an und hört auf und hat einen Mittelpunkt, einen Höhepunkt. Insofern ähneln sich Geschichten und Inseln.«

Das sagt James Krüss selbst in dem Film. Klingt super, und vielleicht hilft die Übersichtlichkeit der Insel Helgoland auch mir beim Entwickeln meiner Geschichte. Erst mal muss ich wissen, wo sie anfängt, wo sie aufhört und was der Höhepunkt ist. Aber wo fängt denn eine Insel an? Da, wo man ankommt, am Hafen? Oder rundum am Wassersaum? Fängt sie überall gleichzeitig an? Und wo ist sie zu Ende? Muss man außen herumlaufen, um die Geschichte zu erzählen, oder quer drüber? Außenrum würde man ja den Höhepunkt verpassen, und das Ende wäre wieder da, wo der Anfang war. Letzteres ist vielleicht keine schlechte Idee, aber den Höhepunkt sollte man auf jeden Fall auch mitnehmen. Ich komme zu dem Schluss, dass der Weg zunächst egal ist, aber man muss alle Ecken der Insel gesehen haben. Man muss sie nicht alle erzählen, aber kennen sollte man sie. Inseln sind rund, damit das Erzählen die Richtung wechseln kann. Nur, was sagt mir das für das Schreiben? Wie fange ich meinen Roman an, wie bringe ich ihn weiter?

»Begin at the beginning«, sagt der König in *Alice's Adventures in Wonderland* zum weißen Kaninchen. *»And go on till you come to the end; then stop.«* Klingt herrlich einfach, und ein kluger Kollege sagte in einem Seminar einmal etwas ganz Ähnliches wie der König und wie James Krüss: »Was eine Geschichte auf jeden Fall braucht, um eine Geschichte zu sein, ist ein Anfang, eine Mitte und ein Ende. Wenn eins

davon fehlt, ist es keine Geschichte. Es gibt allerdings überhaupt keinen Grund, sie in dieser Reihenfolge zu erzählen, man kann auch mit dem Ende anfangen oder alles durcheinanderwerfen.« Auch das klingt einfach, hilft mir aber nicht beim Anfangen. Mein erster Roman ist ganz linear erzählt, er fängt vorne an, hat die Mitte in der Mitte und hört hinten auf. Beim zweiten ist alles durcheinander, die Zeitebenen wechseln sich dauernd ab. Alles ist möglich. Aber wenn ich vor dem leeren Blatt sitze, ist es eben erst mal leer.

Wenn ich mit anderen Autorinnen und Autoren über das Schreiben spreche, finde ich es immer besonders interessant, wie sie sich einem Roman nähern. Auf welchem Weg sie anreisen. Ganz langsam zu Fuß? Schwimmend? Schwankend auf einem Schiff? Oder ruckzuck mit dem Flugzeug? Was ist zuerst da: eine oder mehrere Figuren? Die Geschichte? Die Form? Der Sound? Eine Kollegin erzählte, sie habe schon ganz lange diese Figur im Kopf gehabt. Die habe dann nach und nach eine Geschichte bekommen, in ihrem Kopf, auf Zetteln, was weiß ich, wo. Und als sie dann anfangen wollte zu schreiben, habe sie ganz lange nach dem richtigen Ton gesucht. Präsens oder Präteritum? Ich-Erzählerin, personal oder auktorial? Und wieso sind da plötzlich so viele Adjektive? Das ist doch Kitsch, die fliegen gleich mal wieder alle raus.

Manche plotten alles durch. Sie wissen schon im Voraus, wie viele Kapitel das Buch haben wird, was in welchem Kapitel passiert, wie viele Szenen jedes Kapitel hat, wo welcher Wendepunkt fällig ist, sie wissen sogar ungefähr, welchen Umfang der Roman am Ende haben wird, und ich werde dann immer ganz neidisch. So ein festes Gerüst klingt fantastisch, ein exakter Plan, was wann passiert, welche Figur wann welche andere Figur trifft und worüber sie sprechen, ein fertiges Fachwerk, dessen Lücken nur noch aufgefüllt werden müssen, nur hier und da bleibt ein Fach frei für ein Fenster, damit Licht und Luft reinkommen. Das hätte ich auch gern! Aber anscheinend funktioniere ich nicht so.

Ich kann keine Entscheidungen treffen, bevor ich anfange zu schreiben. Ich kann nicht entscheiden, welchen Beruf meine Protagonistin hat. Ich weiß nicht, ob sie Mitglied in einem Sportverein ist, ob sie für soziale Zwecke spendet oder früher mal Klassensprecherin war. Das kann ich nicht über ihren Kopf hinweg beschließen, es liegt nicht in meiner Hand, diese Dinge zu bestimmen. Ich muss warten, bis ich es *weiß*. Bis mir plötzlich vollkommen klar ist, was ihre Lieblingsfarbe ist und wie aufgeräumt oder unordentlich ihre Wohnung aussieht, auch wenn das später im Buch nicht drinsteht. Aktiv entscheiden kann ich es nicht. Sie muss es mir sagen, und dafür muss ich sie erst kennenlernen, und das geht nur beim Schreiben. Ich beginne mit einer vagen Ahnung, alles andere kommt dann von allein, oder es kommt erst mal nicht, es braucht einfach seine Zeit. Diese Zeit macht mich allerdings wahnsinnig, ich starre auf meinen Text, korrigiere am bereits Geschriebenen herum und warte auf Erleuchtung, oder wenigstens auf ein bisschen Licht.

Auch für solche Probleme gibt es natürlich Ratschläge. Der neueste, den ich bekommen, aber noch nicht ausprobiert habe, lautet: Astrologiebücher. Man braucht dafür nicht an Horoskope zu glauben, sagt der Kollege, aber in Astrologiebüchern würde die menschliche Psyche detailliert ausgelotet und alle verfügbaren Eigenschaften, Konstitutionen und Charakterzüge strukturiert dargestellt, wie sie miteinander korrespondieren oder einander widersprechen. Da könne man sich prima für seine Figuren bedienen, man müsse sich einfach nur einen Geburtstag für sie überlegen (notfalls würfeln), und zack!, bekommt man eine durchdachte Figur geliefert. Klingt super, vielleicht probiere ich das beim nächsten Roman aus. Vielleicht auch nicht, denn bisher hatte ich immer das Gefühl: Ich kann mir meine Figuren nicht backen, als gäbe es ein Rezept. Ein Kilo Herkunft, 200 Gramm Traumatisierungen, ein Pfund Eigenschaften, eine Prise Hobbys, vielleicht nehmen wir für diese Figur mal Fechten? Oder Meerschweinchen? Das funktioniert nicht. Ich muss eine Ahnung haben, wer sie sein könnten, und dann muss ich sie kennenlernen. Manchmal sträuben sie sich. Aber irgendwann weiß ich, wer sie sind und wie sie sind. Und dann weiß ich auch, wie sie in welcher Situation reagieren.

Wenn ich früher in Lesungen saß und Autorinnen erzählten, dass ihre Protagonisten ein Eigenleben entwickeln und sie selbst gar nichts dafür können, wenn die Figuren sich danebenbenehmen oder plötzlich Dinge tun, die nicht vorgesehen waren, dann habe ich das, ehrlich gesagt, oft für prätentiösen Künstlerquark gehalten. Inzwischen habe ich es verstanden: Sobald ich weiß, wer meine Figuren sind, verhalten sie sich eben entsprechend. Was ich tun kann, ist, sie in bestimmte Situationen zu schicken. Und da müssen sie dann sehen, wie sie zurechtkommen.

Schreibratschläge von Profis gibt es wie Sand am Meer. Es gibt zum Beispiel ein hübsches kleines Büchlein mit dem Titel *Zehn Gebote des Schreibens*. Darin haben lauter prominente Autorinnen und Autoren ihre eigenen zehn Gebote formuliert. Mein Lieblingstipp stammt von Andrea De Carlo, er schreibt: »Der rechte Fuß muss immer wippen. Jeder Roman braucht – unabhängig von Thema oder Länge – einen Rhythmus. Er kann langsam oder schnell, gleichmäßig oder ständig wechselnd sein, aber Rhythmus braucht der Text.« Ja, ja, ja! Der rechte Fuß muss immer wippen, das ist vollkommen klar. Bei Lyrik ist es offensichtlich, aber auch Prosa braucht einen Rhythmus, sonst klingt sie nicht.

Weiter schreibt De Carlo: »Du musst das Ende kennen. Romane werden – wie Reisen, Beziehungen und Leben – rückwärts gelesen, ihr Schluss erhellt ihren Anfang.« Alessandro Baricco ist derselben Meinung: »Fange nicht an, eine Geschichte zu schreiben, wenn du nicht weißt, wie sie endet. Das kann jeder.« Und dann kommt Etgar Keret und sagt: »Versuche, das Ende nicht zu kennen. Neugier ist eine ungeheure Kraft. Verzichte nicht auf diese Kraft. Wenn du dich hinsetzt, um eine Geschichte oder ein Kapitel zu schreiben, beherrsche die Situation und die Motivation der Figuren, aber erlaube den Ereignissen immer, dich zu überraschen.« Was denn jetzt? Soll ich das Ende vorher wissen oder nicht?

Eine schreibt, man soll möglichst alle Adjektive streichen, die Nächste, man solle aufhören, Adjektive zu verteufeln, Adjektive seien aufregend. Einer meint, man muss die Figuren von Anfang an kennen, der andere, man solle sie sich entwickeln lassen. Einer findet, man soll nur über Dinge schreiben, die man aus eigener Erfahrung kennt, die Nächste sagt, was man schon weiß, davon muss man nicht schreiben. Na, und so weiter. Saša Stanišić fasst es so zusammen: »Skizziere die Handlung im Voraus, das wird dir die Arbeit erleichtern. Skizziere auf keinen Fall die Handlung im Voraus, das wird dir die Arbeit erschweren. Denk dir Biografien für all deine Figuren aus, das wird sie dir lebhaft vor Augen führen. Denk dir auf keinen Fall die Biografien aus, die ändern sich eh im Prozess des Schreibens. Mach Sport zwischendurch. Mach auf keinen Fall Sport zwischendurch.«

Beim letzten Punkt möchte ich entschieden sagen: Mach verdammt noch mal unbedingt Sport zwischendurch, sonst machst du dir nämlich den Rücken kaputt, guter Schreibtischstuhl hin oder her. Aber sonst? Alles widerspricht sich, es gibt keine Regeln, nichts gilt für jeden, jeder schreibt anders. Das wusste auch James Krüss, der sagt: »Kästner hat mir sehr viele Ratschläge erteilt, wie man Kinderbücher schreiben muss. Zum Glück habe ich keinen einzigen seiner Ratschläge befolgt. Denn jeder muss sich seine eigenen Rezepte machen.« Oder wie Aris Fioretos sagt: »Die Regeln der anderen sind da, um gebrochen zu werden. Deine nicht.« Es nutzt also alles nichts – man muss seine eigenen Regeln finden. Und das geht wahrscheinlich nur *by doing*.

Immerhin: Fast alle sind sich einig, dass man das Internet ausmachen muss, aber selbst da widerspricht einer. Hallgrímur Helgason sagt, wenn einen das Internet von der eigenen Geschichte ablenkt, dann »bedeutet das nur, dass dein Buch weniger aufregend als das Internet ist«. Tja. Für mich ist das Internet tatsächlich die schlimmste Ablenkung, der schlimmste Zeitfresser. Und das Internet ist überall, auch auf Helgoland.

Außer Ratschlägen von anderen Autorinnen und Autoren gibt es natürlich auch noch jede Menge Kreativtechniken, mit denen man dem eigenen Hirn auf die Sprünge helfen kann, wenn man stecken bleibt. Dummerweise funktioniert keine davon zuverlässig, jedenfalls bei mir nicht. Einmal haben mir sogenannte Story Cubes entscheidend weitergeholfen: Das sind Würfel mit Bildern drauf, ich habe zwei unterschiedliche Sets, jeweils neun Stück, ein Set mit Gegenständen, eins mit kleinen Männchen in Aktion. Die werfe ich alle in eine Tüte, greife blind hinein und hole zwei oder drei heraus, mit denen ich würfle. Was dann zu sehen ist, kann meinen Kopf in Gang setzen, alles darauf ist interpretierbar und bringt mich vielleicht auf die entscheidende Idee. Das hat genau ein Mal funktioniert, und zwar wirklich gut, aber seitdem nicht mehr. Ich habe es immer wieder versucht, die Würfel sagten mir leider nichts mehr.

Als ich an meinem ersten Roman schrieb, sollte ich einen Fragebogen beantworten, eine der Fragen war: Wenn dein Roman verfilmt würde, wer sollte die Hauptrollen spielen? Ich suchte Schauspielerinnen und Schauspieler zusammen, und von dem Moment an waren mir meine Figuren plötzlich viel klarer, weil sie auf einmal Gesichter hatten. Tatsächlich habe ich mir Fotos von ihnen ausgedruckt und auf den Schreibtisch gelegt. Beim zweiten Roman habe ich das wieder versucht. Ich habe den Vornamen meiner Protagonistin (die im Buch gar keinen hat) festgelegt, den Namen gebildergoogelt und mir ein Gesicht ausgesucht. Es hat überhaupt nicht funktioniert. Null.

Ich fürchte, das bedeutet, dass nicht mal die eigenen »Regeln« unbedingt gültig sind. Manche schon, andere nicht.

Manche nur manchmal. Man muss es herauskriegen. Oder wie Rilke in seinen *Briefen an einen jungen Dichter* schreibt: »Niemand kann Ihnen raten und helfen, niemand. Es gibt nur ein einziges Mittel. Gehen Sie in sich.«

Auf der Suche nach Figuren allerdings geht man am besten raus und guckt sich Menschen an. Überlegt sich, wer sie sind, wie sie ticken, ob sie gut gelaunt sind oder gern jammern, ob sie viele Freunde haben, ob sie einsam sind, gesund oder krank, ob sie Familie haben und was sie beruflich machen.

Einmal sind mir gleich morgens beim Hotelfrühstück auf der Insel zwei Figuren begegnet, die auf jeden Fall für eine lustige Kolumne getaugt hätten. Zwei betagte Damen saßen am Nebentisch, es gab ein Glas Sekt zum Frühstück. Eine der beiden probierte davon, sagte in breitem Hamburgisch: »Dascha man büschn sauer«, und griff nach dem Zuckerstreuer. Ihre Freundin sagte noch: »Pass man bloß auf, dassas nich übergeht!«, aber da war es schon zu spät. Die Dame kippte mit Schwung eine ordentliche Menge Zucker in ihren Sekt, und natürlich schäumte er über. Bis die beiden ihre Servietten parat hatten, war er ihnen schon über den Tisch auf die Hosen gelaufen. Sie kicherten, trockneten sich ab, die Dame rührte ihren gezuckerten Sekt um und befand: »Schmeckt gleich viel besser!« Etwas später erzählte sie, sie habe sich gestern einen Eisbecher bestellt, der ihr aber viel zu groß gewesen sei, da habe sie sich den Rest einpacken lassen. Und im Zimmer sei ja ein Kühlschrank, da habe sie das Eis dann reingestellt, und heute Nacht gegen drei Uhr sei sie aufgewacht und habe einen solchen Appetit gehabt, und: Das Eis sei noch richtig gut gewesen!

Wenn ich in dem Alter bin, möchte ich auch so sein und mir einfach Zucker in den Sekt rühren, wenn mir danach ist. Und mitten in der Nacht Eis essen.

Bei meinen Spaziergängen über die Insel frage ich mich, ob die Helgoländer anders sind als die Menschen anderswo. So knorrige Einsiedler, für die jeder Ausflug aufs Festland eine echte Reise bedeutet, kauzige Alkoholiker, Kinder, die keinen Autoverkehr kennen, Eltern, die nie über den Inselrand hinausgeguckt haben … Natürlich nicht. Aber eine so winzige Insel, so weit draußen, das muss doch Auswirkungen haben. Helgoland behauptet von sich, »Deutschlands einzige Hochseeinsel« zu sein, das ist weder geografisch noch juristisch ganz korrekt, aber wie dem auch sei: Die Insel liegt verdammt weit weg. Im Sommer sind Touristen da, niemand hat Zeit für etwas anderes, im Winter ist wenig los, man beschäftigt sich mit sich selbst, mit Volkshochschule und Trachtengruppe und zahlreichen weiteren Clubs. Ob sie die langen Winterabende damit verbringen, sich Geschichten zu erzählen? Solche wie die von James Krüss – von Inseln, von der Seefahrt, von fremden Ländern und Helden?

Romantische Vorstellung, aber wahrscheinlich sitzen sie abends, wie die Leute anderswo auch, vor dem Fernseher oder dem Internet.

Ich möchte aber lieber Geschichten vom Geschichtenerzählen hören und frage herum, ob auf der Insel Geschichten erzählt werden. »Oh ja!« ist die einhellige Antwort. »Es wird wahnsinnig viel getratscht!« Gerüchte, stille Post, Unwahrheiten, echte Lügen. Jeder dichtet etwas hinzu und schmückt aus, höre ich.

Das meinte ich zwar nicht, es verhilft mir aber trotzdem zu interessanten Sozialstudien: Eine Frau sagt, es wird so viel übereinander geredet, und außerdem hat jeder auf der Insel auch noch drei bis fünf Posten, deswegen passt sie sehr gut auf, mit wem sie worüber spricht, was sie zu wem sagt, und sogar, mit wem sie überhaupt spricht. Denn auch darüber würde getratscht. Wer mit wem gesprochen hat. Sie ziehe sich daher ziemlich zurück und bleibe für sich. Eine andere sagt, och ja, klar würde getratscht, aber da könne man sich ja raushalten und es weglächeln, alles halb so wild. Der Dritte sagt, es würde jetzt sicher auch schon darüber geredet, dass er seit einer Stunde mit einer fremden Frau (nämlich mir) auf der Bank sitzt, das hätten ja schon alle gesehen.

Einmal brannte ein Boot im Hafen. Der Qualm war weithin zu sehen. Nach fünf Minuten wusste jeder auf der Insel, wessen Boot es war, beziehungsweise dass es das Boot von jemand ganz anderem war, warum es brannte, welche daneben liegenden Boote in Mitleidenschaft gezogen wurden, dass es beim Tanken passiert war, dass es nicht beim Tanken passiert war, dass der Besitzer noch gar nicht Bescheid wusste, dass der Besitzer das Feuer selbst verursacht hatte, dass die Feuerwehr schon da war, dass die Feuerwehr immer noch nicht da war, und so weiter. Sehen konnte man nur die Rauchsäule, der Rest verselbstständigte sich rasant. Die wenigsten sind gucken gegangen, aber alle wussten, was Sache war.

Das beliebteste Tratschthema ist natürlich auch hier das gute alte »Wer mit wem?«, und selbst ich als Fremde bekomme prompt die pikantesten Details geliefert. Schon bei der Pressereise, als ich zum ersten Mal auf der Insel war, sagte eine mitgereiste Journalistin: »Stell dir mal vor – hier kann man ja nie eine Affäre haben! Das weiß ja sofort die ganze Insel.« Die einzige Chance sei wohl, die Festlandtermine zu koordinieren, anders ginge es nicht. Und auch das würde früher oder später bemerkt. Angeblich gibt es dennoch ein reges Bäumchen-wechsel-dich unter den Insulanern, das wird sogar in offiziellen Interviews von Würdenträgern angedeutet, ich plaudere hier also keine großen Geheimnisse aus.

Und wieder jemand anders sagt in dem Zusammenhang den schönsten Satz über die Insel, den ich in all der Zeit gehört habe. Er sagt: »Wir haben hier eine besondere Kultur des Verzeihens.« Anders, sagt er, würde es auch gar nicht gehen. »Und wenn einer mit meiner Frau schläft, dann haue ich ihm eine rein, und dann gehen wir ein Bier trinken.« Ich glaube ihm nur so halb, und über sein Männer- und Frauenbild könnte man auch diskutieren, aber die Formulierung beeindruckt mich: eine besondere Kultur des Verzeihens. Starkes Thema. Großes Thema.

Romanthema.

In der Folge frage ich immer wieder, wie das mit dem Verzeihen auf der Insel sei. Ja, schon, ist die einhellige Antwort. Zum Beispiel beim Thema Alkohol würde hier einiges verziehen. Da könne man sich durchaus Ausfälle erlauben. Die Insel hat ja, was Alkohol angeht, einen gewissen Ruf; ein Polizist erzählt mir allerdings, das sei hier kein größeres Problem als überall anders auch. Alkohol sei vor allem eine Einkommensquelle, der teure Alkohol für die Touristen, den man sonst nirgends bekommt, besondere Whiskys und so etwas, zollfrei und steuerfrei.

Tatsächlich habe ich auf Helgoland das vielleicht widerlichste alkoholische Getränk aller Zeiten getrunken, es nannte sich »Helgoländer«. Grüner und klarer Schnaps und rote Grenadine, in Schichten übereinander. »Grün ist das Land, rot ist die Kant, weiß ist der Sand: Das sind die Farben von Helgoland«, so werden hier die Farben der Helgoländer Flagge erklärt. Das Getränk braucht kein Mensch, es ist glücklicherweise auch nicht sehr verbreitet. Die eigentliche Inselspezialität ist der Eiergrog, zu dem man ebenfalls gemischte Gefühle haben kann. Unbedingt empfehlenswert hingegen ist der Sanddorngrog im Dünenrestaurant.

Aber auch abseits des Alkohols, erfahre ich, würde hier viel verziehen, man könne einfach in Frieden einen an der Waffel haben, sonderbare Hobbys pflegen oder sich seltsam kleiden, das sei alles in Ordnung. Geht auch nicht anders, man ist ja aufeinander angewiesen. Die vergnügte Frau, die den Tratsch einfach weglächelt, sagt, man sei auf der Insel im Allgemeinen auch gut darin, um Entschuldigung zu bitten. Das klingt doch großartig: um Entschuldigung bitten und verzeihen können. Solche Menschen möchte man um sich haben. Vielleicht möchte man solche Menschen auch im nächsten Roman haben. Oder gerade im Gegenteil: Figuren, die mit dem Verzeihen und Entschuldigen ihre Schwierigkeiten haben. Es sind jedenfalls sehr gute Themen.

Als der Urgroßvater zu Ende erzählt hatte, fragte ich:
»Ist diese Geschichte wirklich passiert?«
»Lieber Boy«, bekam ich zur Antwort, »wenn eine Geschichte einen Sinn hat, dann ist sie wahr, selbst wenn sie nicht passiert ist! Verstanden?«

»Nein, nicht verstanden!«

»Macht nichts, Boy! Man muss nicht alles verstehen, wenn man zehn Jahre alt ist. Hast du Hunger?«

»Wie ein Haifisch, Urgroßvater!«

Vielleicht ist das meine Lieblingserkenntnis von allen Krüss-Erkenntnissen über das Erzählen: Wenn eine Geschichte einen Sinn hat, dann ist sie wahr, auch wenn sie nicht wirklich passiert ist. Natürlich muss eine Geschichte nicht wirklich passiert sein, um eine gute Geschichte zu sein. Aber sie muss einen Sinn haben. Dann ist sie wahr, im Sinne von wahrhaftig. Oder umgekehrt: Wenn sie wahrhaftig ist, wenn sie eine Wahrheit erzählt, wenn man darin etwas erkennen, etwas verstehen kann, dann hat sie einen Sinn. Solche Geschichten muss man erzählen. Dann können meinetwegen auch Feen oder Vampire oder der Weihnachtsmann drin vorkommen. Und es ist auch tröstlich zu wissen, dass man nicht alles verstehen muss, wenn man zehn Jahre alt ist. Man muss wahrscheinlich auch nicht alles verstehen, wenn man fünfzig oder hundert Jahre alt ist. Es schadet allerdings nicht, es immer wieder zu versuchen, sich immer wieder Fragen zu stellen, und dabei hilft das Lesen sicherlich. Und auch das Schreiben. Schreiben hilft beim Denken, weil die Suche nach der passenden Formulierung einen dazu zwingt, Dinge zu Ende zu denken. Wenn Kleist von der »allmählichen Verfertigung der Gedanken beim Reden« spricht, so gilt das erst recht fürs Schreiben: Plötzlich wird einem klar, was man denkt. Auch wenn man dann immer noch nicht alles versteht.

Also, wie anfangen? Auf welchem Weg reise ich zu meiner Geschichteninsel? Eigentlich weiß ich es. Manche haben zuerst die Geschichte, manche die Figuren. Was ich als Allererstes brauche, ist ein Sound. Ohne einen Sound kann ich nicht schreiben, und ohne zu schreiben, weiß ich nicht, worüber ich schreibe. Ich schreibe erst mal in diesem Sound, erzähle ein bisschen drum herum, schreibe alles hin, was ich schon weiß oder ahne, dann werden die Figuren langsam klarer, bekommen Konturen, und die Geschichte entwickelt sich. Aber auch den Sound muss man erst mal finden, und dafür braucht man mindestens eine Idee, eine Ahnung, ein Thema, wenigstens den Kern einer Geschichte oder einer Figur – eine Henne oder ein Ei, aber was denn nun zuerst?

Lange habe ich gar nicht selbst geschrieben, sondern ausschließlich übersetzt. Ein Grund dafür war sicher, dass ich dachte: Ich bin es so gewohnt, die Stimme anderer Autorinnen und Autoren in meiner Sprache nachzubilden, dass ich gar nicht weiß, wie meine eigene Stimme als Autorin eigentlich klingen würde. Und dann sagte eine Kollegin in einem Seminar: Der Inhalt sucht sich die Flasche aus, in die er gefüllt werden möchte. Wenn man weiß, was man erzählen möchte, dann weiß man auch, wie es klingen muss, welche Form es braucht. Irgendeine Art von Inhalt braucht man also wohl doch als Erstes. Wenigstens ein bisschen. Mir hat dieser Satz jedenfalls geholfen, überhaupt mit dem Schreiben anzufangen. Inzwischen merke ich allerdings, dass ich besser zurechtkomme, wenn ich erst einmal eine Flasche habe. Der Inhalt ergibt sich dann. Vielleicht muss ich nur erst wissen, ob er sozusagen flüssig ist oder sandig oder aus gröberen Stücken besteht, damit ich den passenden Behälter finden kann, damit ich weiß, ob ich wirklich eine Flasche brauche oder vielleicht doch eher einen Korb.

Ich umrunde meine Geschichteninsel also zunächst. Erkunde ihre Basis. Im Unterland ist man ganz nah am Wasser. Man sieht unaufhörlich die Wellen heranrollen, eine nach der anderen, mal höher, schäumend, rauschend, sich überschlagend; mal wirkt das Meer spiegelglatt, mal ist es leuchtend blau, mal grau in grau, und immer ist es ein Versprechen, immer bringt es seine Geheimnisse mit und seine Geschichten. Wilde Abenteuer und beschaulich-faule Stranderinnerungen, Hübsches, Warmes, Furchterregendes, Kaltes. Das Leben. Und die Sehnsucht. Immer bringt das Meer die ganze Sehnsucht mit, gleichzeitig stillt es Teile davon, ich weiß nicht, wie das Meer das macht, es kann alles gleichzeitig. Immer zieht es so. Die Sehnsucht ist sowieso immer da, vielleicht braucht man sie zum Schreiben, vielleicht ist alles Schreiben ein Schreiben gegen die Sehnsucht. Die Sehnsucht, gegen die kein Kraut gewachsen ist und kein Buch, und das Meer hilft auch nicht. Aber es macht sie aushaltbarer und schöner.

Die Basis. Warum schreiben? Für eine »Moral«, wie James Krüss? Die Geschichten, die der Urgroßvater seinem Enkel erzählt, enden immer mit einer Moral. Einer Botschaft. Einer Erkenntnis. Immer geht es um Wörter und Sprache, ums Erzählen, darum, was eine gute Geschichte ausmacht, was ein Held ist. Es sind ganz großartige Erkenntnisse dabei. Aber Geschichten um der Moral willen erzählen? So waren Kinderbücher um 1960 vielleicht. Für mein eigenes Schreiben kann ich das nicht brauchen, ich möchte keine Moral vermitteln. Die Frage »Was will der Autor uns damit sagen?« habe ich schon als Schülerin gehasst, tatsächlich hat mir der Deutschunterricht die Literatur zunächst gründlich verdorben. Bis heute bin ich geradezu allergisch gegen Texte mit erhobenem Zeigefinger. In *Mein Urgroßvater, die Helden und ich* gibt es beispielsweise ein Gedicht, in dem »Herr Herkules, der große Held« sich zwischen zwei Schwestern entscheiden muss: der Lust und der Tugend. Er wählt, weil er ein Held ist, die Tugend. Das ist doch fürchterlich! Nichts gegen die Tugend, was auch immer das sein soll, aber ich möchte doch bitte auch die Lust wählen dürfen. Auch beim Schreiben, auch für meine Figuren – wie langweilig ist denn eine komplette und uneingeschränkte Tugendhaftigkeit? Da kommt ja nicht mal ein literarischer Konflikt zustande, und Spaß macht es schon gar nicht.

Man könnte jetzt natürlich, um beim Kinderbuch zu bleiben, mit Michael Ende kontern, mit dem Problem des »Tu, was du willst« aus der *Unendlichen Geschichte*, wo es darum geht, eben nicht der spontanen Bedürfnisbefriedigung nachzujagen, sondern erst mal herauszubekommen, was man wirklich will, aber dennoch: So eine radikale Entscheidung für die Tugend zuungunsten der Lust kann es nicht sein. Weder im Leben noch beim Schreiben. Man muss auch mal aus dem Vollen schöpfen, sich fallen lassen, über den Rand malen, sich ins Leben stürzen. Ich glaube, außerhalb von Märchen und Parabeln möchte niemand etwas über Figuren lesen, die nur brav und tugendhaft oder nur böse sind. Es ist doch gerade die Zerrissenheit, das Changieren, das Einerseits-Andererseits, was Figuren spannend macht. Und was echte Menschen ausmacht. »Wanst und Phallus«. Auch das habe ich im Gespräch mit klugen Kollegen gelernt: Wanst und Phallus sind die beiden Pole, die im Menschen stecken. Der lange Dünne und der kleine Dicke, der eine will hinaus in die Welt, Abenteuer erleben, Neues entdecken, das Leben auskosten, gucken, was hinter der nächsten Ecke ist. Der andere möchte gemütlich zu Hause auf dem Sofa sitzen bleiben, was Schönes kochen und sich unter der Decke einkuscheln. Einer der Ersten, die diese beiden Pole in zwei Figuren aufgespalten haben, war Cervantes mit Don Quijote und Sancho Pansa. Und es wird bis heute in Erzählungen aller Arten so gemacht, bis hin zur Biene Maja, die immer auf Abenteuer aus ist, und ihrem Freund Willi, der nicht hinterherkommt und eigentlich immer müde ist, oder zu den typischen Ermittlerduos im *Tatort* – solche Duos entsprechen überhaupt nicht der tatsächlichen Polizeiarbeit, lassen sich aber durch die Gegensätzlichkeit gut erzählen. Natürlich sind auch diese »aufgeteilten« Charaktere nicht zu hundert Prozent Wanst oder Phallus, nicht nur gut oder böse, mutig oder mutlos, fleißig oder faul, abenteuerlustig oder stubenhockerig, sondern immer von allem ein bisschen, der eine hier ein bisschen mehr, die andere dort ein bisschen weniger. Eine interessante Figur kann jedenfalls nicht nur tugendhaft sein, sondern muss ihre Ambivalenzen haben, muss Wanst und Phallus gleichzeitig sein, Lust und Tugend.

Figuren sind das, was mich interessiert, beim Lesen wie auch beim Schreiben. Charaktere. Warum Menschen sich so verhalten, wie sie sich verhalten. Wie sie auf was reagieren. Was sie mit sich herumtragen. Denn jeder und jede trägt irgendetwas mit sich herum. Wie sie das, was sie mit sich herumtragen, bewältigen. Wo die empfindlichen Stellen sind. Wenn die Figuren gut sind, wenn sie ambivalent und lebensecht sind und wenn die Sprache stimmt, dann ist mir die Geschichte beinahe egal, dann kann man mir auch zum tausendsten Mal »boy meets girl« erzählen.

In meinem eigenen Schreiben habe ich allerdings gleichzeitig den Wunsch, originell zu sein. Etwas zu machen, was nicht schon x-mal da war. Und dann kommt Peter Stamm in seinen *Zehn Geboten des Schreibens* mit: »Versuche nicht, originell zu sein. Originalität ist meist ein Zeichen von gestalterischer Schwäche.« Ach, na ja. Das mag für übertriebene Witzigkeit gelten, aber mit »originell« meine ich etwas Originäres, etwas Eigenes, irgendein Aspekt muss neu sein und nicht schon hundertmal gelesen. Die Geschichte, der Erzählton, die Figuren, ganz egal.

Eine Helgoländer Eigenheit sind die Ornithologen, von den Insulanern meist »die Ornis« genannt. Ich wüsste gern mehr über sie. Sie sind immer da, das ganze Jahr über, vor allem aber zur Zugzeit, mit Ferngläsern und Teleobjektiven, sie tragen Tarnkleidung und schleppen beeindruckende Mengen an Ausrüstung mit sich herum, liegen manchmal stundenlang still im Gras und warten auf das ultimative Foto, und auf einmal laufen alle in eine bestimmte Richtung, wie aus dem Nichts stehen zwanzig Ornis um ein Gebüsch herum. Eine Helgoländerin erzählt, sie sei schon ein paarmal fürchterlich erschrocken, weil sie nichts ahnend irgendwo spazieren ging und unversehens ein Ornithologe aus dem Gebüsch brach.

Tatsächlich wurde die deutsche Ornithologie praktisch auf Helgoland begründet. 1837 kam der Kunstmaler Heinrich Gätke zum ersten Mal auf die Insel und malte zunächst Seestücke. Der Legende nach schwängerte er eine Helgoländerin, wollte abhauen und wurde von den Insulanern daran gehindert und mehr oder weniger gezwungen, die Frau zu heiraten. Er hatte schließlich zehn Kinder mit ihr und blieb zeit seines Lebens auf der Insel. Gätke arbeitete in der englischen Verwaltung und widmete seine Malerei nach und nach den auf Helgoland rastenden Zugvögeln. Er beschäftigte sich zunehmend mit Ornithologie und legte eine umfangreiche Sammlung von Vogelbälgen an, außerdem pflegte er Kontakte zu deutschen und englischen Ornithologen und publizierte wissenschaftliche Arbeiten. Ein Teil seiner Sammlung ist heute noch im Wattenmeerhaus in Wilhelmshaven zu sehen, der größte Teil wurde leider bei den Bombenangriffen auf Helgoland zerstört. 1891 erschien sein Buch *Die Vogelwarte Helgoland*, in dem er einige damals als gewagt geltende Thesen zum Vogelzug aufstellte, die später aber größtenteils bestätigt wurden. Seine wissenschaftlichen Verdienste führten 1910 schließlich zur Gründung der Vogelwarte Helgoland.

Dadurch, dass Helgoland so weit draußen im Meer liegt, ist es weit und breit die einzige Raststation für Zugvögel, die aus Skandinavien oder Großbritannien kommen und weiter nach Süden wollen, oder umgekehrt. Daher ist die Insel bis heute besonders beliebt unter Ornithologen, es gibt kaum irgendwo in Deutschland so viele Arten zu beobachten.

Wenn man vogelkundlich so bewandert ist wie ich, sieht man natürlich wenig. Man sieht Basstölpel und Trottellummen und Möwen, Kormorane und vielleicht gelegentlich einen Fischadler, der ganze große Rest sind sogenannte KGV. Jedenfalls für mich.

Ich bin mit dem Ornithologen Klaus Nottmeyer im Unterland unterwegs und lerne: Für uns Ahnungslose ist erst mal sehr vieles ein KGV, nämlich ein »kleiner grauer Vogel«. In Großbritannien ist *bird watching* viel beliebter als hier, und dort heißen die kleinen grauen Vögel erstaunlicherweise

LBB: »Little brown bird«. Die Übersetzerin in mir hat großes Vergnügen an diesem Unterschied in der englischen und deutschen Farbwahrnehmung. Und dann hat die Leserin in mir gleich noch mehr Vergnügen, als wir an dem Stein vorbeikommen, in den die Silhouetten einiger Nordseetiere eingemeißelt sind – eine Robbe, eine Möwe, zwei Fische, ein Tümmler –, dazu der Satz *Wir mahnen im Namen der Nordsee*. Ein kleiner Junge fragt: »Papa, was steht da?«, und der Vater entziffert: »Wir wohnen im Norden der Nordsee.« Ich muss ein Kichern unterdrücken, die Schrift ist auch wirklich nicht sehr gut zu erkennen. (Die dazugehörige Mutter schafft es dann aber.)

Da vorne, sagt Klaus, habe er vorhin ein Wintergoldhähnchen gesehen, das im Sterben lag. Er tritt auf eine Wiese, bückt sich und sagt: »Ja, jetzt ist es tot.« Er hebt es auf, und ich denke, wie großartig es immer ist, mit Menschen unterwegs zu sein, die sich mit irgendetwas auskennen, egal womit. Ich allein hätte den Vogel gar nicht erst bemerkt und ihn dann sicher nicht einfach in die Hand genommen. Wintergoldhähnchen. Was für ein poetischer Name. Wintergoldhähnchen sind KGV, winzig kleine, größtenteils graubraune Punk-Vögel mit einem leuchtend gelben Irokesenstreifen auf dem Kopf und einem goldgrün schimmernden Rücken. Der Name kullert in meinem Kopf herum. Wintergoldhähnchen. Klaus legt mir das tote Vögelchen in die Hand. Wintergoldhähnchen wiegen bis zu sieben Gramm.

Sieben Gramm. Das ist praktisch nichts, ich spüre kaum, dass ich überhaupt etwas in der Hand habe. Wie hat dieses winzige, unglaublich weiche, zarte Wesen es über das Meer von Skandinavien bis hierher geschafft? Wie kann es sein, dass sie weiterfliegen bis nach Südfrankreich und Spanien? Was für ein Wunder. Die Zartheit, die Weichheit und das nahezu Schwerelose des Wintergoldhähnchens rühren mich an, ich möchte einfach hier stehen bleiben, das tote Wintergoldhähnchen in der Hand halten und mich berühren lassen von seiner Verletzlichkeit. Es ist nicht so sehr die Tatsache, dass es tot ist, sondern eher das Staunen darüber, wie viel Kraft und wie viel Leben in so einem winzigen, zarten, weichen Wesen stecken können.

Klaus ist emotional nicht ganz so angefasst wie ich. Wir legen das Vögelchen wieder ins Gras und gehen weiter, an den Nordstrand. Klaus kneift die Augen zusammen, blickt aufs Wasser, wo ein schwarz-weißer Vogel dümpelt, und sagt: »Oh. Das ist ein Krabbentaucher. Das ist nicht gut, der gehört hier nicht her, der gehört weit raus aufs Meer. Eigentlich in die Arktis, aber im Winter kommen sie manchmal bis in die Nordsee. Wenn er so dicht am Ufer herumtreibt, geht es ihm nicht gut.« Wir starren eine Weile auf den Krabbentaucher, der immer näher ans Ufer geschoben wird. Krabbentaucher gehören zu den Alkenvögeln und sind die einzige Art der Gattung *Alle.* Der wissenschaftliche Name lautet *Alle Alle.* Auf einmal sind sicher fünfzehn Ornithologen da, bauen sich am Strand auf, schauen durch ihre Spektive und machen Fotos. »Wo kommen die denn plötzlich her?«, frage ich, und Klaus erzählt, dass heute *Bird Race* ist. Die Ornis versuchen, an einem Tag möglichst viele Arten zu sehen. Sechzig Arten sollten eigentlich zu schaffen sein, wenn man hundert sieht, ist es fantastisch. Am Ende gewinnt das Team, das am meisten Arten auf der Liste hat. Wie man das nachweist, frage ich, man bekommt ja nicht von jedem Vogel auch ein Foto hin. Nein, sagt Klaus, das ist nicht nötig. Es würde gegen die Ornithologenehre gehen, zu behaupten, man hätte etwas gesehen, was man gar nicht gesehen hat. Wenn man sagt, man hat einen gesehen, dann zweifelt das niemand an. Viele *twitchen*, das heißt, sie haken auf langen Listen ab, welche Arten sie insgesamt bereits gesehen haben. Es gibt sogar einen »Club 300« für Leute, die mehr als dreihundert Arten gesehen haben. Nachweisen muss man das auch dort nicht.

Dass jetzt plötzlich so viele hier sind und den kranken Krabbentaucher beobachten, liegt daran, dass zwar am Ende ein Team gewinnt, aber trotzdem offenbar kein Konkurrenzgedanke aufkommt. Es gibt nämlich in einem Nachrichtendienst eine Gruppe, in der solche Informationen sofort weitergeleitet werden: Krabbentaucher am Nordstrand! Wer in der Nähe ist, kommt dann sofort. Da Gruppen in diesem Nachrichtendienst aber nur eine bestimmte Größe haben dürfen, gibt es gleich vier Gruppen, und jemand hat sie den ganzen Tag im Blick und leitet die Informationen von einer Gruppe in die anderen weiter. Wie wahnsinnig nett! Kein »Ätsch, ich habe etwas Tolles gesehen, aber ich sage nicht, wo«. Im Gegenteil, man holt die anderen dazu, selbst wenn man um die Wette guckt. Da möchte man doch am liebsten gleich dazugehören. Einmal, erzählt Klaus, sei eine Sumpfgrasmücke da gewesen, da hätten plötzlich 180 Leute drum herumgestanden. Ich überlege kurz, wie die Sumpfgrasmücke das wohl fand, aber immerhin haben ja alle ein Interesse daran, sie nicht zu verscheuchen, und sind vermutlich entsprechend vorsichtig. Und die Sumpfgrasmücke kann auch einfach wegfliegen, wenn es ihr zu blöd wird. Sumpfgrasmücke, auch so ein schöner Name.

Der Krabbentaucher dümpelt im seichten Wasser in Ufernähe herum und wird von jeder Welle näher herangespült. Klaus sagt, das sieht nicht gut aus, und das denke sogar ich, die ich nichts davon verstehe, aber der Vogel wirkt irgendwie kraftlos. Klaus reicht mir sein Fernglas, und endlich sehe ich mehr als »irgendwas Schwarz-Weißes«. Die Ornis stehen drum herum, fotografieren und fachsimpeln, gehen näher heran, und plötzlich fliegt der Krabbentaucher weg, er schwingt sich auf, verschwindet hinter der Mole, und Klaus staunt. »Das hätte ich nicht gedacht«, sagt er, »dass er das noch schafft, dass er noch so viel Kraft hat.« Später lese ich im Internet, dass der Krabbentaucher einer Mantelmöwe zum Opfer gefallen ist, der größten Möwenart der Welt.

Wir treffen einen Bekannten von Klaus, der ganz begeistert berichtet, er habe vorhin die Sumpfohreule gesehen, von der er schon gehört hatte. Unwillkürlich gucken wir hoch, ich sehe über dem Oberland nur einen Schwarm … na ja, Krähen oder so, denke ich, oder vielleicht Stare. »Da!«, sagt Klaus, »zwischen den Dohlen! Siehst du das? Da ist ein Vogel mit einem anderen Flugverhalten, er flattert mehr.« Ja, jetzt sehe ich ihn, er ist auch heller als die anderen. »Das mögen die Dohlen gar nicht«, sagt Klaus, »wenn plötzlich eine Eule in ihrem Revier ist.« Wir beobachten ein imposantes Verscheuchungsmanöver, die Dohlen lassen die Eule nicht in Ruhe, sie schwirren um sie herum, der ganze Schwarm, bis die Eule sich irgendwann aus ihrer Mitte befreien kann und das Weite sucht. Wäre ich allein unterwegs gewesen, hätte ich vielleicht kurz hochgesehen, hätte gedacht, ach ja, ein paar Vögel, und das ganze Drama gar nicht bemerkt.

Das ist ja auch beim Schreiben immer das Beste: wenn man stecken bleibt, wenn einem nichts einfällt, wenn man keinen Output mehr hat, einfach erst mal für Input sorgen. Der muss gar nicht direkt mit dem Thema zu tun haben, es kann irgendetwas vollkommen anderes sein, was einen aber auf neue Gedanken bringt. Die besten Dinge findet man sowieso, wenn man nichts Konkretes sucht. Und Schreiben besteht nie nur daraus, dass man etwas zum Thema recherchiert und sich konzentriert, sondern immer auch daraus, die Tür aufzumachen und frische Luft hereinzulassen. Gedanklich ist man sowieso immer noch beim Thema. Wer weiß, vielleicht kommt in meinem nächsten Buch ein totes Wintergoldhähnchen vor. Oder eine Sumpfohreule oder irgendein anderer klangvoller Name.

> Johnny Flöter nickte, fügte aber hinzu: »Boy ist heute wieder zerstreut wie ein alter Mann. Da hab ich mir schon gedacht, dass die zwei Dichter wieder im Gange sind.«
> »Macht denn Dichten zerstreut?«, fragte die Tante erstaunt.
> »Und wie!«, rief Johnny. »Einmal wollte ich mit Boy Krebswettläufe veranstalten; aber plötzlich sieht der Knabe einen Kastanienbaum und ist zu nichts mehr zu gebrauchen. Er redet nur noch über Kastanien und hört überhaupt nicht zu, wenn man mit ihm spricht.«
> »Aha!«, rief Tante Julie. »Jetzt verstehe ich, wie das zusammenhängt: Wenn die Dichter sich etwas ausdenken oder überlegen, dann sehen und hören sie nicht, was um sie herum vorgeht. Das ist aber, genau genommen,

keine Zerstreutheit, Johnny, sondern das Gegenteil: gezielte Aufmerksamkeit auf eine Sache.«

Manchmal habe ich das Gefühl, dass mir genau das fehlt: die gezielte Aufmerksamkeit auf eine Sache. Ich habe keine extravaganten Hobbys, kein Thema, mit dem ich mich besonders gut auskenne. Dabei habe ich ein Herz für Nerds, ich finde es immer ganz großartig, wenn jemand sich beispielsweise mit Ornithologie auskennt oder sich für Folkmusik interessiert oder für irgendetwas anderes brennt, dann möchte ich immer kurz entschlossen auch gleich Imkerin werden oder eine ausgefallene Sportart anfangen. Das tue ich dann aber doch nicht, stattdessen frage ich weiterhin Leute nach ihren Geschichten. Und wahrscheinlich ist genau das eben doch die gezielte Aufmerksamkeit für eine Sache: dass ich in Schreibphasen alles durch die Brille des Themas sehe, das mich gerade beschäftigt.

Klaus erzählt mir eine herzzerreißende Geschichte von einem Schwarzbrauenalbatros. Albatrosse gehören hier nicht her, sie gehören überhaupt nicht auf die Nordhalbkugel, normalerweise leben sie auf den Falklandinseln, an der Südspitze Südamerikas und in der Antarktis. Das Exemplar, das seit einigen Jahren an der Nordsee lebt, ist ein sogenannter Irrflieger, er muss sich irgendwann fürchterlich verflogen haben und ist auf der Nordhalbkugel gelandet. Im Frühjahr, wenn auch die Basstölpel und Trottellummen zum Brüten kommen, kommt er nach Helgoland. Oder nach Sylt. Und ist da ganz allein, bis er irgendwann vermutlich an Einsamkeit sterben wird. Mir brechen solche Geschichten das Herz.

Der Schwarzbrauenalbatros gehört zu den kleineren Albatrosarten und hat eine Flügel-Spannweite von 2,45 Metern. Das ist doch Wahnsinn, zweieinhalb Meter! Nachdem ich gerade diese sieben Gramm Wintergoldhähnchen in der Hand hatte. Wenn die sieben Gramm es von Skandinavien bis nach Südeuropa schaffen können, vielleicht schaffen es dann zweieinhalb Meter Spannweite und bis zu viereinhalb Kilo auch wieder zurück auf die Südhalbkugel? Ich möchte das glauben, ich möchte an wilde Abenteuergeschichten mit Happy End glauben. Jedenfalls im wirklichen Leben, in Büchern brauche ich das nicht unbedingt.

> »Eine Geschichte, Boy, muss sein wie eine Schlange, die sich in den Schwanz beißt. Sie muss rund sein und ganz und gar mit sich selber beschäftigt. So wie die Schlange, wenn sie ihren Schwanz in den Mund nimmt, nun weder Anfang noch Ende hat, so muss das Ende einer Geschichte wieder in den Anfang schlüpfen.«

Eine ähnliche Geschichte ohne Ende gibt es von einem Middendorff-Laubsänger, der gerade auf der Insel ist. Middendorff-Laubsänger leben eigentlich in Asien, in Europa werden sie kaum gesichtet. Um den Laubsänger auf Helgoland gab es ein paar Tage vor meinem Treffen mit Klaus eine große Aufregung, tatsächlich ist es sogar gelungen, ihn im Vogelfanggarten zu fangen. Ich habe mich immer gefragt, wie dieser Vogelfanggarten funktioniert, außen herum ist eine Mauer, man kann nicht hineinsehen. Wieso sollten die Vögel ausgerechnet in diesen Garten fliegen und sich fangen lassen? Klaus erhellt mich: Es gibt einen Teich in dem Garten.

Mit Süßwasser, das kommt sonst auf der Insel gar nicht vor, abgesehen von Pfützen und gelegentlichen Vogeltränken. Natürlich fliegen die Vögel dorthin, nachdem sie lange über dem Meer unterwegs waren und entsprechend erschöpft sind. Und dann verfangen sie sich in Reusen. So ist es also gelungen, den Middendorff-Laubsänger zu fangen, zu beringen und ihn einer hocherfreuten Runde von fast einhundert Ornithologen zu präsentieren, die mit den Kameras im Anschlag vor der Vogelwarte standen und staunten. Nach einem kurzen Blitzlichtgewitter wurde der Laubsänger wieder freigelassen. Für Ornithologen war das ein Riesenereignis – und ich war an dem Tag zwar schon auf der Insel, habe es aber nicht mitbekommen. Hätte ich mal besser gleich am ersten Tag einen Ornithologen angesprochen! Ich wünsche dem Middendorff-Laubsänger eine gute Weiterreise und dass er nach Hause zurückfindet. Ob es ein Happy End für die beiden Irrflieger gibt?

Was ich am Anfang dieses Aufenthalts also verpasst habe, versuche ich nachzuholen und spreche am nächsten Tag gleich wieder einen Ornithologen an. Klaus war ein fantastischer Begleiter, vielleicht finde ich so einen ja noch einmal. Irgendwo im Oberland stehen sicher fünfzehn Leute mit Kameras und Ferngläsern vor einem Gebüsch. Ich starre ebenfalls hinein und sehe nichts, nicht mal einen KGV. Also spreche ich den erstbesten Orni an.

Ich: Was gibt's denn da zu sehen?
Er: Weißbartgrasmücke.
Ich: Wie sieht die aus?

Er: Wie so 'ne Klappergrasmücke.
Ich: Äh, das sagt mir jetzt auch nichts.
Er: *Schweigen*

Nun ja. Manchmal muss man eben schweigen. Manchmal ist man unterschiedlicher Ansicht darüber, ob es noch etwas zu sagen gibt. Ich frage nicht weiter, starre noch eine Weile ins Gebüsch und setze meinen Weg dann fort. In meinem Kopf klappert eine Grasmücke.

Beim Schreiben geht es mir manchmal so ähnlich wie mit den Ornithologen. Manchmal werfe ich ein paar Worte aufs Blatt, ich frage sozusagen höflich an, ob es mit mir sprechen möchte, und mit etwas Glück ist das Blatt wie Klaus. Es kommen Ideen und Geschichten und Text, es zeigt mir alles Mögliche, mit dem ich nicht gerechnet hatte, und plötzlich ist da ein Wintergoldhähnchen und löst etwas in mir aus. Und manchmal starre ich den leeren Bildschirm an wie den zweiten Ornithologen und dieses Gebüsch, und es passiert nichts. Rein gar nichts. Mein Monitor sagt »Klappergrasmücke« und verstummt, meine Finger bewegen sich nicht, alles schweigt, ich habe keine Ahnung, was eine Klappergrasmücke ist, und kann nichts damit anfangen.

Ich kenne Autorinnen, die jeden Tag eine festgelegte Anzahl von Seiten oder Wörtern schreiben. Bevor sie die nicht geschrieben haben, dürfen sie nicht vom Schreibtisch aufstehen. Manche schreiben Romane von siebenhundert Seiten und löschen dreihundert wieder. Andere erzählen, dass sie mittendrin merken, dass sie irgendwo falsch abgebogen sind, wie der Schwarzbrauenalbatros, und dann müssen sie die letzten hundert Seiten löschen und neu schreiben, sonst landen sie aus Versehen auf der Nordhalbkugel, wo sie nie hinwollten. Wieder andere merken unterwegs, dass sie anders abgebogen sind als geplant, dass es auf der Nordhalbkugel aber auch schön ist, auch wenn sie da anfangs gar nicht hinwollten. Dann wird das Buch eben ein anderes als ursprünglich gedacht.

Ich funktioniere anders, ich schreibe keine feste Seitenzahl pro Tag, sondern starre gefühlte Ewigkeiten in mein Dokument, hadere, kämpfe, zweifle, bin überzeugt, dass mir nichts einfällt, und dann bricht plötzlich etwas aus mir heraus, auf einmal tippe ich fünf Seiten in einer Dreiviertelstunde und bin dann ganz erschöpft. Aber was dann dasteht, steht da, und es geht auch nicht mehr weg. Es wird nicht gelöscht. Es wird natürlich immer wieder überarbeitet, verändert, verschoben, korrigiert, und ich lösche auch mal einen Absatz. Aber hundert Seiten, oder dreihundert? Horrorvorstellung. Ich schreibe langsam und wenig, aber was ich geschrieben habe, bleibt. Dabei habe ich einmal eine Geschichte gehört von einem Kunstprofessor, der seine Studierenden in zwei Gruppen aufgeteilt haben soll. Eine Gruppe sollte in einem festgelegten Zeitraum das perfekte Gemälde malen. Die andere Gruppe sollte im selben Zeitraum so viele Bilder wie möglich malen. Die »besseren« Ergebnisse, soweit man das in der Kunst sagen kann, hatten die Studierenden der zweiten Gruppe. Ich fand das sofort logisch – wenn man viel produziert, ist die Wahrscheinlichkeit, dass etwas Gutes dabei ist, sicher höher, als wenn man sich an etwas festbeißt und versucht, perfekt zu sein. Aber obwohl mir das sofort einsichtig ist, produziere ich nicht einfach drauflos und lösche den Ausschuss später, sondern ich warte, bis etwas kommt. Ich warte und warte, und es macht mich wahnsinnig.

> »Siehst du«, sagte mein Urgroßvater, »beim Dichten darf man nicht angestrengt herumtüfteln, wie wir es nach der ersten Hälfte unserer Gedichte getan haben. Man muss immer ein bisschen spielen und Spaß dran haben, dann fließen die Verse.«

Spielen also. Spaß. Zwischendurch ein paar alberne Limericks dichten vielleicht? Quatsch auf Facebook posten? Ich weiß nicht, ob das zählt.

Im Moment fließt jedenfalls gar nichts, ich bin mit meiner Geschichte stecken geblieben. Zu viel Material, und auf dem Bildschirm sehe ich immer nur einen kleinen Ausschnitt, ich habe alles schon hundertmal gelesen und weiß gar nicht mehr, was an welcher Stelle steht und wie ich die ganzen Notizen und Ideen, die in einer anderen Datei stehen, da jetzt einkneten soll. Ich sitze in meinem Zimmer, starre aufs Wasser und komme nicht weiter. Stau im Kopf, es geht nicht vor und nicht zurück, noch dazu bin ich diesmal allein hier, Ächzen und Stöhnen nutzt also auch nichts. Ich habe ein Zimmer im Oberland, in der ersten Reihe, »am Falm«, wie es hier heißt. Man blickt über die Düne hinweg bis zur Erdkrümmung. Ich habe ungefähr sechzig Seiten geschrieben, die waren einmal ein zusammenhängender Text, aber dann habe ich das Thema neu gesetzt, alles auseinandergenommen und anders wieder zusammengebaut, Dinge auf das neue

Thema hin umformuliert, neue Anschlüsse gesucht, aufzufüllende Lücken gekennzeichnet, und jetzt ist das alles kein Text mehr, es ist nicht mal ein Anfang, sondern eine Baustelle, eine Kiste mit Legosteinen, von denen einige zwar schon zusammengesteckt sind, aber man sieht noch nicht, was es mal werden soll. Meine Geschichteninsel ist quasi zerbombt und muss neu wieder aufgebaut werden. Vielleicht fange ich mit einer Farbpalette an? Ich bin unkonzentriert, weiß nicht, was der nächste Schritt ist, wie ich vorgehen soll, es muss etwas passieren. Ich könnte auf die Düne übersetzen und einmal drum herumlaufen, vielleicht hilft das. Einen klaren Kopf bekommen, Laufen oder Gehen hilft ja sowieso gegen fast alles und ist gut für Körper und Seele, außerdem ist es da draußen schon wieder so blau, und ich bin ja auch nicht hier, um nur im Zimmer … Stopp.

Gehen oder Laufen ist zwar immer gut, aber man kommt mit der Arbeit nicht voran, wenn man vor ihr davonläuft. Man kommt mit der Arbeit voran, wenn man sich verdammt noch mal an den Rechner setzt und Tasten runterdrückt.

> »Gleich anfangen ist Quatsch. Erstens will ich rauchen, zweitens müssen diese Kissen und Gardinen verschwinden, drittens kann ich nicht nach der Uhr dichten, viertens brauche ich eine Idee.«

Soso, James, du bist also auch so einer. Prokrastinieren, hm? Kenne ich, bin ich gut drin. Aber erstens will ich gar nicht rauchen, zweitens werde ich im Hotel sicher keine Kissen und Gardinen verschwinden lassen, drittens kann ich am allerbesten nach der Uhr dichten (also: wenn ich einen Abgabetermin habe), und viertens brauche ich, zumindest in diesem Fall, auch keine Idee mehr. Die Ideen stehen bereits in der Datei mit dem Namen »Notizen«. Was ich brauche, ist ein Plan. Ein Überblick. Eine Vorstellung, wie ich weitermachen kann, ohne mich zu verzetteln und alles nur noch chaotischer zu machen. Ich brauche Struktur, und die bekomme ich auf dem kleinen Monitor nicht, ich brauche etwas zum Anfassen. Ich weiß, was ich brauche: Ich brauche Karteikarten.

Keine Ahnung, woher dieser Geistesblitz plötzlich kam oder ob das auch wieder nur eine Aufschieberei ist, aber ich bin überzeugt, dass mein Autorinnenseelenheil jetzt und sofort von Karteikarten abhängt und ich ohne Karteikarten unmöglich weitermachen kann. Wäre ich zu Hause, würde ich nun sämtliche Schreibtischschubladen durchwühlen und Karteikarten suchen, dabei alles mögliche andere finden, sicher auch ein paar vereinzelte Karteikarten in verschiedenen Farben und Größen, womöglich würde mir in den Sinn kommen, dringend meine Schreibtischschubladen aufräumen zu müssen, und ich würde mir einreden, dass man mit aufgeräumten Schreibtischschubladen sowieso viel besser arbeiten kann. Gut, dass ich nicht zu Hause bin.

Ich ziehe meine Jacke an und überlege, wo man hier wohl Karteikarten kaufen kann. Ich versuche es bei Edeka. Es gibt keine Karteikarten, stattdessen kaufe ich Chips, Chips braucht man immer, auch wenn James Krüss das zu erwähnen vergessen hat. Vielleicht in der Drogerie? Keine Karteikarten. Die Verkäuferin überlegt kurz und rät mir dann, es bei der Lotto-Annahmestelle zu versuchen, da gebe es neben ein bisschen Schnickschnack und Souvenirs auch ein paar Schreibwaren, aber ob sie Karteikarten haben …

Sie haben welche. Zwei Päckchen. Ich kaufe beide und bekomme sofort ein schlechtes Gewissen, immerhin könnte noch jemand Karteikarten kaufen wollen, und dann gibt es auf der ganzen Insel keine mehr. Wer weiß, wie lange es dauert, bis man hier wieder welche bekommt! Womöglich habe ich für einen Karteikartenengpass gesorgt! Wer hier lebt, braucht vermutlich ganz andere Kompetenzen in Sachen Planung und Improvisation als wir verwöhnten Großstadtpflanzen. Wir gehen, wenn uns etwas fehlt, einfach in den nächsten Laden und kaufen Karteikarten. Oder zum nächsten Arzt oder Gartencenter. Oder gerade nicht zum nächsten, sondern zum besten oder freundlichsten, oder zur Buchhandlung mit der besten Auswahl.

Wer auf Helgoland wohnt, geht nicht zum nächsten oder besten Irgendwas, sondern zum einzigen. Er geht zum einzigen Laden, zur einzigen Ärztin, zum einzigen Fitnessstudio. Aber auch nur, wenn es das gibt. Es gibt ein Fitnessstudio! Es gibt keinen Optiker. Es gibt jede Menge Geschäfte für Alkohol, Parfum und Schokolade, und es gibt Geschäfte für Ringelshirts, Mützen und praktische Wetterjacken. Aber schon wenn man einen BH braucht, erzählt mir eine Helgoländerin, dann hat man Pech gehabt. Es gibt zwei Edekas, einen im Oberland und einen im Unterland. Es gibt sogar ein kleines Krankenhaus mit einem Unfallchirurgen und einem Neurologen, es gibt ein Allgemeinarztpaar, einen Zahnarzt und eine Apotheke, und es gibt sogar zwei Friseursalons. Es gibt einen kleinen Baumarkt. Bei abseitigen Anliegen wie Karteikarten kann man Pech haben und es gibt keine, weil gerade vorher eine verzweifelte Autorin da war und den Restbestand aufgekauft hat. Es gibt eine Leihbücherei und einen Klamottenladen, der nebenbei Bücher von James Krüss verkauft, aber es gibt keine Buchhandlung. Es gibt keine Buchhandlung! Ich habe keine Ahnung, wo man diese Betonrobben kaufen kann, die überall in den Vorgärten herumliegen. Gibt es auf Helgoland eine Betonrobbenmanufaktur? Lässt man die vom Festland aus hertransportieren? Was kostet das, es geht doch sicher nach Gewicht? Oder gab es mal einen Volkshochschulkurs, in dem man sie selbst anfertigen konnte? Es gibt eine Volkshochschule! Die Kurse finden im Winter statt, wenn keine Gäste da sind und die Helgoländer Zeit haben. Im Programm steht alles, was Volkshochschulen anderswo auch bieten: Sprachen, unter anderem Deutsch als Fremdsprache und Helgoländisch, Gesundheit und Fitness, Selbstfindung, Kochen und Backen, Handarbeiten.

Aber es gibt keine Buchhandlung.

Für alles, was über den Grundbedarf hinausgeht, muss man aufs Festland. Die Schiffe fahren aber vormittags vom Festland auf die Insel und nachmittags zurück – das heißt, wer auf der Insel lebt und etwas an Land zu erledigen hat, muss notwendigerweise zwei Übernachtungen einplanen. Man fährt nachmittags von der Insel aufs Festland, kommt abends an, am nächsten Tag kann man Dinge erledigen, aber nachmittags fährt ja kein Schiff zurück, sondern erst wieder am nächsten Morgen. Jeder Facharztbesuch und jedes Möbelstück, das man anschaffen und vorher wenigstens einmal gesehen haben möchte, bedeutet eine Reise mit zwei Übernachtungen.

Immerhin, die wichtigsten Fachärztinnen kommen einmal im Monat auf die Insel, alle zwei bis drei Monate kommt auch eine Tierärztin und behandelt die Inselhaustiere in einer privaten Küche. Sobald man eine Spezialistin für irgendetwas braucht, muss man an Land, und wie das gekaufte Möbelstück auf die Insel kommt, ist auch so eine Frage. Man kann nicht »kurz mal eben« irgendwohin gehen und etwas erledigen, es muss alles langfristig geplant und gebucht werden. Und wenn man Pech hat, ist Sturm, und die Schiffe fahren nicht, man muss Termine verschieben oder kann erst später zurück.

Wenn ich auf der Insel bin, hoffe ich immer auf Sturm: erstens, weil Sturm auf der Insel großartig ist, und zweitens, weil ich dann vielleicht nicht wie geplant zurückkann, sondern noch eine Nacht bleiben muss. Oder zwei. Was die Hotelbettenbelegung angeht, ist das unproblematisch, denn wenn kein Schiff fährt, kommen ja auch keine neuen Touristen an. Bisher wurde mein Wunsch allerdings erst ein einziges Mal erhört.

Außerdem ist Sturm natürlich nicht immer toll. Der Orkan Christian deckte im Oktober 2013 das Schuldach ab; Schülerinnen und Schüler saßen im Keller und konnten nicht mehr nach Hause, Lehrerinnen und Lehrer haben versucht, sie zu beruhigen, obwohl sie selbst Angst hatten. Die Schule war ziemlich zerstört, glücklicherweise stand sie unter Denkmalschutz und wurde daher komplett erneuert. Jetzt ist alles neu und schön, aber der Schreck sitzt bis heute allen in den Gliedern. Nach dem Sturm lag auf dem Schulhof – außer dem halben Dach – tatsächlich auch ein Plattfisch. Mitten im Schutt. Die Schule steht im Oberland, fünfzig oder sechzig Meter über dem Meeresspiegel. So ein Sturm war das. Der Fisch wurde präpariert und ist jetzt hinter Glas in der Schule ausgestellt.

Im Allgemeinen nehmen die Helgoländer die Stürme aber gelassen. Es gibt sogar das Konzept des Sturmwichtelns: Sobald ein Sturm aufzieht, stellt man etwas raus, vor die Tür oder auf die Terrasse, und wenn es vorbei ist, guckt man nach, was man stattdessen bekommen hat. Meistens sind das Gartenmöbel oder Gießkannen.

Ich habe alle Karteikarten gekauft, die auf der Insel zu kriegen waren. Und ich schreibe sie alle voll. Mit Stichpunkten, Ideen, Themen, Gedanken, einzelnen Wörtern, ganzen Sätzen. Und dann wünsche ich mich nach Hause an meinen großen Schreibtisch, auf dem ich all diese Karteikarten herumschieben und neu sortieren könnte, dieses Hoteltischchen ist viel zu klein. Das ist natürlich Unfug, mein Schreibtisch zu Hause liegt voll mit Zeug, den müsste ich erst mal aufräumen, das ist ja einer der Gründe, warum ich wegfahre: Anderswo liegt nichts auf dem Schreibtisch. Ich breite die Karteikarten auf dem Fußboden aus, schiebe sie herum, bilde Häufchen, sortiere neu, mache kleine Stapel, bekomme Knieschmerzen und ziehe um aufs Bett. Gut möglich, dass ich aus Versehen ein Schläfchen mache. Seeluft macht anscheinend wirklich müde, meine kleine Privattradition sieht jedenfalls schon bei der Ankunft auf der Insel immer als Allererstes ein Mittagsschläfchen vor. Man kommt ja gegen Mittag an, dann hat man an dem Tag zwar noch nichts weiter getan, als auf dem Schiff zu sitzen, aber ich falle immer schnurstracks ins Bett.

»Betten sind zum Dichten gut«, erwiderte der große Boy. »Aber Schlafzimmer ersticken jeden schönen Einfall.«

Ich finde Betten ebenfalls fantastisch. Wenn man sich abends hineinlegt und langsam warm und weich wird und genau weiß, gleich kommt der Schlaf, das ist die reinste Magie. Die besten Einfälle habe ich immer im Halbschlaf kurz vor dem Einschlafen, dummerweise bin ich dann nicht mehr in der Lage, mir Zettel und Stift zu nehmen und sie aufzuschreiben, und bis ich aufwache, sind sie weg. Ich weiß auch nicht genau, wo bei James Krüss das Bett stand, wenn nicht im Schlafzimmer, und was dafür sein Schlafzimmer kennzeichnete. Vielleicht hatte er auch ein Zweitbett zum Dichten. Ich kenne Kolleginnen, die ganze Romane im Bett geschrieben haben.

»Das ist das Ergebnis meiner Nachtarbeit, Boy. Dichter scheinen Nachtlichter zu sein. Ich bin gespannt, ob unsere Reime bei Tage bestehen können.«

Ich habe so eine Ahnung, wie gut meine grandiosen Halbschlaf-Einfälle bei Tage bestehen würden. Aber es gibt ja auch diese alte Schreibregel: *Write drunk, edit sober.* Da ist was dran, habe ich festgestellt. So richtig betrunken habe ich es noch nicht versucht, aber mit ein, zwei Gläsern Wein wird man ein bisschen mutiger, traut sich was, haut einfach erst mal etwas raus, was einen nüchtern vielleicht hätte zögern lassen. Und das schadet überhaupt nicht, im Gegenteil. Überarbeiten kann man es dann immer noch. Halbschlaf ist vermutlich ein ähnlicher Zustand wie angetrunken sein, nur tippt es sich dabei so schlecht. Im Halbschlaf arbeiten geht also nicht, und Alkohol trinke ich nicht allein im Hotelzimmer. Es hat so etwas Trauriges, allein im Hotelzimmer zu trinken, das habe ich auch auf Lesereisen immer vermieden. Schon wieder ein Grund, zu zweit oder zu dritt zum Schreiben wegzufahren: Da kann man sich abends schön eine Flasche Wein teilen und entweder über das Schreiben reden oder eben weiterschreiben und etwas wagen.

> Mein Urgroßvater schnitzte schweigend weiter an seinen Korken, als er mit seiner Geschichte zu Ende war. Endlich legte er das Schnitzmesser in den Wäschekorb und sagte: »Die Moral von der Geschichte, Boy, ist eine seltsame Moral. Sie heißt: Lerne, wie man schreiben soll. Aber dann vergiss das Gelernte, wenn du schreibst!«
> »Das ist wie beim Schwimmen, Urgroßvater. Am Anfang muss man die Arm- und Beinbewegungen lernen, aber später muss man sie beherrschen, ohne an sie zu denken. Sonst schwimmt man schlecht und geht unter.«
> »Ein guter Vergleich, Boy! Ob man geht oder schwimmt oder schreibt, es ist immer dasselbe: Man muss zuerst etwas können und später etwas wagen, dann geht's!«

So ist das wohl. Erst muss man etwas können, natürlich, denn wenn man das Handwerk nicht beherrscht, kann auch keine Kunst entstehen. Das denke ich auch. Man muss die Regeln kennen, sie einüben, verinnerlichen und anwenden, dann entsteht Handwerk. Kunst entsteht, wenn man diese Regeln auf neue Situationen überträgt, sie erweitert, ihre Grenzen überschreitet oder sie – mit Bedacht – komplett bricht. Aber was heißt schon *können*? Ich glaube, ich bin ganz gut in Rechtschreibung und Grammatik. Ich übersetze seit zwanzig Jahren Literatur und habe dabei außer Rechtschreibung und Grammatik sicher auch etwas über Rhythmus, Tempo, Melodie, den Aufbau von Geschichten, Figurenzeichnung, Spannungsbögen und so weiter gelernt. Aber reicht das, um einen Roman zu schreiben? Einmal sagte ich zu einem anderen Autor, der schon viel veröffentlicht hat: »Ich weiß doch gar nicht, wie das geht!« – »Ach«, sagte er, »das wissen wir doch alle nicht.« Das ist zwar ein bisschen beruhigend, aber deutlich hilfreicher sind tatsächlich die Karteikarten. Etwas Praktisches, Handwerkszeug zum Anfassen. Ich baue mir ein Gerüst aus Karteikarten, überlege mir, was wie hintereinanderkommt, und weiß genau, dass ich mich nicht bis zum Schluss daran halten, sondern zwischendurch immer wieder umbauen werde, aber: Erst mal ist da ein Gerüst, ein Skelett, an das nur noch Fleisch und Muskeln müssen. Es gibt mir das Gefühl, dass schon etwas da ist, dass ich nicht auf ein ganz leeres Blatt schreibe. Das ist der Unterschied zwischen Schreiben und Übersetzen: Übersetzen ist Schreiben auf einem vollen Blatt. Es ist alles schon da, nur in einer anderen Sprache. Bevor ich mit einer Übersetzung beginne, lese ich immer den kompletten Roman, dann kenne ich die Figuren, ich weiß, wie sie ticken, habe ein Gefühl für den Sound, die Stilebene, den Rhythmus, die Melodie, und ich weiß, wo die Geschichte hingeht. Beim Schreiben weiß ich erst mal gar nichts, da ist nur dieses leere Blatt. Ich fürchte mich vor dem leeren Blatt. Ich bilde mir ein, ich hätte ja noch gar nichts, oder besser gesagt: Ich bin sogar fest überzeugt davon, gar nichts zu haben, keine Idee, keine Figur, keine

Geschichte. Keinen Sound. Das stimmt natürlich meistens nicht. Irgendetwas ist da. Aber ich muss es noch finden.

»Schreibe du inzwischen ein hübsches Gedicht!«
»Aber ich bin gar nicht in Stimmung, Urgroßvater, und einen Einfall habe ich auch nicht.«
»Dann will ich dir einen Vorschlag machen, Boy: Versuche einmal, etwas zu übersetzen!«
»Was soll ich denn übersetzen?«, lachte ich. »Ich spreche ja keine einzige ausländische Sprache.«
»Aber du sprichst zwei inländische Sprachen: Deutsch und Friesisch.«
Da hatte mein Urgroßvater recht.
[…]
Aber das Übersetzen war viel, viel schwerer, als ich gedacht hatte. Wenn ein Wort im Friesischen eine Silbe hatte, dann enthielt das deutsche Wort mindestens zwei Silben. Wenn sich etwas im Friesischen reimte, dann reimte es sich im Deutschen ganz bestimmt nicht. Kurz und gut: Ich mühte mich eine ganze Stunde lang ab, ohne mehr als zwei Zeilen zu übersetzen.
Da beschloss ich, die Verse zwar zu übersetzen, aber etwas Neues daraus zu machen, nämlich ein Gedicht, das sich auf deutsche Art reimt. Ich versuchte nicht mehr, die Zahl fünf auf das Wort Taube zu reimen (denn das ist ja unmöglich), sondern ich machte aus der Taube einfach einen Stier und reimte darauf die Zahl vier. Als mein Urgroßvater in die Hummerbude zurückkam, waren beide Seiten des Kiefernbrettes beschrieben, und die deutsche Übersetzung war fertig.

»Na, Boy«, fragte er, »was hast du zustande gebracht?«
»Eine Übersetzung vom Komischen Mann, Urgroßvater.«
»Also, Boy! Lies vor! Ich bin gespannt wie ein Segel im Wind.«
[...]
»Hm«, brummte mein Urgroßvater nachdenklich. Dann nahm er mir das Kiefernbrett aus der Hand, beguckte sich die Seite, auf der das Gedicht in Friesisch stand, drehte das Brett um, las ein bisschen in der deutschen Übersetzung und knurrte zum zweiten Mal »hmmm«.
»Gefällt dir meine Übersetzung nicht, Urgroßvater?«
»Doch, Boy, sie gefällt mir. Aber im Friesischen ist das Gedicht, offen gestanden, hübscher.«
»Mein Gedicht ist ja auch nur eine Übersetzung, Urgroßvater.«
»Gewiss, Boy, gewiss! Aber du hast es dir zu leicht gemacht.«
»Wieso, Urgroßvater?«
»Sieh mal, Boy, im Friesischen heißt es: Da war einmal ein Mann auf der Insel, und der hat den ganzen Tag lang gezählt, und die Leute wunderten sich, dass er immer in der Langen Straße stand und zählte. Du aber sagst ganz einfach: Er zählte ohne Ruh, er zählte dies und das, und er zählte immerzu. Das ist nicht so hübsch und nicht so bildhaft wie im Friesischen. Übersetzen, Boy, bedeutet zwar, von einer Sprache in die andere und von einem Land in das andere hinüberzusetzen wie mit einer Fähre, aber dabei soll man von der Fracht, die man übersetzt,

möglichst wenig verlieren. Du aber hast unterwegs einiges verloren.«

»Es ist ja auch die erste Übersetzung meines Lebens, Urgroßvater.«

Da verzeihe ich dem Urgroßvater doch gleich sein ganzes antiquiertes Frauenbild. Denn was Krüss offenbar verstanden hat, im Gegensatz zu landläufigen Vorstellungen vom Übersetzen: Übersetzen ist auch Schreiben. Nur, dass das Gerüst, an dem man sich festhält, schon sehr stabil ist. Man soll jetzt allerdings nicht meinen, Übersetzen sei deswegen einfacher – man kann dieses feste Gerüst ja auch wie ein beengendes Korsett empfinden. Es ist vielleicht eine Frage der Gewohnheit oder hängt davon ab, was man zuerst gelernt hat. Mir persönlich fällt Übersetzen tatsächlich leichter, aber das liegt sicher daran, dass ich es schon so lange mache. Eine Kollegin, die hauptsächlich schreibt und nur gelegentlich übersetzt, sagt, sie finde Schreiben viel einfacher. Denn da kann sie das, was sie denkt, so hinschreiben, wie ihr der Schnabel gewachsen ist. Beim Übersetzen muss sie das, was ein anderer gedacht hat, so hinschreiben, wie sie glaubt, dass ihm der Schnabel gewachsen wäre, wenn ihm ein deutscher Schnabel gewachsen wäre. Das, findet sie, sei doch viel schwieriger! Und außerdem, sagt sie, wenn sie etwas geschrieben hat und hinterher feststellt, dass es Quark ist, dann kann sie es einfach löschen. Wenn sie Quark übersetzt, dann kann sie ihn zwar so hübsch wie möglich formulieren, aber das ändert nichts daran, dass es Quark ist. So hatte ich das bis dahin noch gar nicht gesehen, für mich war immer klar, dass Übersetzen irgendwie einfacher ist. Aber in Wahrheit ist es eine *andere* Arbeit, nicht einfacher oder schwieriger.

Für den kleinen Boy war es schwieriger als das eigenständige Dichten und auch schwieriger als erwartet, aber es war ja auch seine erste Übersetzung. Noch dazu sind Gedichte gleich die hohe Schule. Und da hat er doch schon sehr viel richtig gemacht: Reim und Rhythmus beibehalten zum Beispiel und dafür dann nicht »fünf« auf »Taube« gereimt, sondern »vier« auf »Stier«. Kann man machen, denn der Urgroßvater hat natürlich recht: Man muss immer abschätzen, was die wichtigen Details sind, ob Reim und Rhythmus über dem Wortlaut stehen. Und dabei aufpassen, dass nicht doch etwas von der Fracht verloren geht.

Eine andere wichtige Erkenntnis ist, dass man beim Übersetzen etwas Neues schafft. Übersetzerinnen sind Urheberinnen, sind Künstlerinnen. Man komme mir nicht mit dem Satz »In Übersetzungen geht ja immer viel verloren« – das ist Unfug, natürlich gehen Teilaspekte verloren, aber dafür werden andere gewonnen. Es entsteht etwas Neues. Und manchmal ist das sogar besser als das Original. Es ist nämlich so, dass Autorinnen und Autoren auch nur Menschen sind. Die machen auch alle Fehler oder sind mal ungeschickt, übersehen Details, haben ihre persönlichen Sprachmacken und Angewohnheiten. Tatsächlich schreiben Autoren oft intuitiv etwas hin, ohne lange darüber nachzudenken; Übersetzerinnen hingegen sind gezwungen, über jedes Wort und jede Wendung nachzudenken. Das kann für den Text durchaus ein Gewinn sein. (Aber das weiß der kleine Boy noch nicht, sonst würde er nicht sagen, dass sein Gedicht *nur* eine Übersetzung sei.)

Das Helgoländer Friesische, aus dem Boy übersetzt, heißt auf Helgoländisch übrigens Halunder. Es wird heute nur noch von wenigen Menschen gesprochen, aber manchmal hört man es auf der Insel noch, und es wird an der Schule und der Volkshochschule unterrichtet. Und manche Hinweisschilder sind zweisprachig – ein paar Wörter kann man sich erschließen, andere gar nicht. »Skin« heißt Toilette, das ist immer gut zu wissen. Wenn zwei sich auf Helgoländisch unterhalten, versteht man jedenfalls herzlich wenig, viel weniger als bei anderen friesischen Dialekten. Was sich auf der Insel ins Hochdeutsche eingeschlichen hat, ist eine eigentümliche Betonung der Wörter »Helgoländer« und »helgoländisch«, das betonen die Insulaner nämlich auf dem ä.

Ich gehe über das Oberland, den Klippenrandweg entlang. Er führt einmal ums Oberland herum. Von hier aus sieht man die ganze Welt, einmal im Kreis bis zum Horizont. Man wird ganz klein. Dieser winzige Felsen, mitten in der Welt, mit nichts drum herum als dem Meer. Nebenan liegt die Düne, ansonsten ist man allein mit dem Wind und dem Licht, dem Wasser und dem Blau. Allein mit seinen Gedanken, die der Wind einem aus dem Kopf pustet, bis nur noch das Lachen übrig bleibt. Geht das nur mir so, oder müssen andere auch lachen vom Wind, speziell vom Helgoländer Oberlandwind?

Wenn ich auf dem Oberland ankomme, gehe ich immer erst quer über die Insel auf die andere, die Westseite. Am Leuchtturm vorbei, einem quadratischen Rotklinkerbau, der ein kleines Wunder ist: Er hat die Bombardierungen und die große Sprengung nach dem Krieg überlebt. Nicht unbeschadet, aber er stand noch. Erbaut wurde er 1941 als Flakleitstand. 1952 wurde er zunächst zu einem provisorischen Leuchtturm umgerüstet, 1965 schließlich mit roten Klinkern ummantelt und endgültig in Betrieb genommen. Und weil er ein kleines Wunder ist, und weil Leuchttürme das immer machen, werde ich bei seinem Anblick jedes Mal ganz emotional. Weil man in Leuchttürmen immer ihren Sinn mitsieht – ein Licht in der Dunkelheit, eine Orientierung, ein Ziel für die, die auf See sind. Der Helgoländer Leuchtturm sieht ganz anders aus, als man sich das vorstellt, er ist eigentlich zu quadratisch, zu verklinkert, hat zu viele Sendemasten obendrauf, aber er steht so stark und stolz hoch oben über der Welt und weist die Richtung. Spätestens, wenn es dunkel wird und der Lichtstrahl über die Insel und übers Meer wandert, überkommt mich diese Rührung, die Leuchttürme immer verursachen. Das regelmäßig umlaufende Licht bringt Trost und Geborgenheit, man sieht es zum Einschlafen, es sagt: Wir sind hier, ihr seid nicht allein da draußen. Habt keine Angst. Und dann fühlt man sich auch beschützt und geborgen, wenn man gar nicht da draußen ist, sondern bequem in einem Hotelbett liegt.

Ich lasse den Leuchtturm hinter mir und gelange auf die andere Seite der Insel, wo man nur das Meer sieht, keine Düne, keine anderen Inseln, nur das Meer, das Meer, das Meer. Und irgendwo weit in der Ferne vereinzelte Schiffe. Und neuerdings, je nach Licht- und Wetterverhältnissen, ein paar Offshore-Anlagen. Vielleicht muss ich beim Schreiben auch so lange übers Meer oder das leere Blatt gucken, bis ich in der Ferne etwas sehe. Oder ahne.

Ich gehe im Uhrzeigersinn den Klippenrandweg entlang, links das Meer, vor mir – beziehungsweise unter mir – die hohen roten Klippen, rechts die grüne Wiese. Der Wind, das Meer. Je weiter ich komme, desto stärker wird der Geruch, jedenfalls im Frühling. Dann hört man sie. Und schließlich sieht man die ersten Basstölpel über dem Wasser, sie stehen einfach in der Luft, die Flügel ausgebreitet, eine Spannweite von bis zu einem Meter achtzig. Sie sind strahlend weiß, schlank, mit schwarzen Flügelspitzen und einem gelben Kopf. Wunderschön, wahnsinnig elegant in den Flugmanövern, aber wenn man ihnen ins Gesicht guckt, wirken sie irgendwie ein bisschen gemein. (Wie Pfauen. Wobei deren Schönheit ja sowieso vollkommen übertrieben ist, da wundert man sich dann auch nicht mehr über den verschlagenen Gesichtsausdruck.)

Auf dem Weg zum Lummenfelsen biege ich aber noch einmal kurz ab und erklimme den höchsten Punkt Helgolands. Helgoland gehört zum Kreis Pinneberg in Schleswig-Holstein und ist insgesamt die höchste Erhebung in diesem Kreis; also hat irgendjemand den höchsten Punkt Helgolands kurzerhand den Pinneberg genannt. Der Pinneberg liegt vielleicht drei oder vier Höhenmeter über dem Klippenrandweg und 61,3 Meter über dem Meeresspiegel. Es gibt ein Gipfelkreuz, und es gab sogar mal ein Gipfelbuch in einem kleinen Metallkästchen, aber bei meinem letzten Besuch war es nicht mehr da. Stattdessen hatten Leute Steine in das Kästchen gelegt. Und Liebesschlösser drangehängt. Ich verstehe diese Dinger nicht – festketten, abschließen, Schlüssel wegwerfen als Sinnbild für die Liebe? Das kann doch nicht gut gehen.

Kann man so die eigene Geschichte erkunden? Den Höhepunkt suchen, ihn Pinneberg nennen, ein Gipfelkreuz aufstellen, auch wenn er nur 61,3 Meter hoch ist, und hoffen, dass niemand das Gipfelbuch klaut? Womöglich standen da schöne Geschichten drin. Vielleicht haben auch nur ein paar

Leute ihren Namen reingekritzelt. Aber manchmal steckt ja schon im Namen eine Geschichte. Was man hier oben jedenfalls hat: Weitblick. Weiter geht es nicht. Vielleicht muss man von hier aus eine Geschichte entwickeln.

Das Übersetzen ist übrigens auch in Sachen Überblick ein gutes Training für das Schreiben. Dadurch, dass die Details schon alle da sind, besteht die Gefahr, vor lauter Details den Blick auf das große Ganze zu verlieren. Einer der wichtigsten Merksätze beim Literaturübersetzen lautet daher: Wir übersetzen keine Wörter und keine Sätze, sondern Texte. Denn wenn man sich zu sehr an den Details festbeißt, an einzelnen Formulierungen, hat man am Ende schlimmstenfalls einen Haufen perfekter Sätze, aber keinen Text. Oder wie die große Dostojewski-Übersetzerin Svetlana Geier sagte: Nase hoch beim Übersetzen! Man darf nicht zu sehr mit der Nase am Original kleben, sondern muss wie ein Basstölpel über dem Text kreisen. Das heißt nicht, dass die Details nicht wichtig wären, die müssen natürlich auch stimmen. Aber das Ergebnis muss mehr sein als die Summe der Teile. Ich übersetze deswegen immer eher schnell. Wenn mir an einer Stelle keine schöne Lösung einfällt oder wenn ich etwas nicht sofort recherchiert bekomme, markiere ich mir die Stelle und mache erst mal weiter. Dafür überarbeite ich das Manuskript lieber einmal mehr. Oft weiß ich beim zweiten Lesen dann sofort, was das richtige Wort, die passende Formulierung ist. Oder eine inhaltliche Frage hat sich inzwischen geklärt. Wenn ich bei jedem Arbeitsgang möglichst zügig vorankomme, ist das zum einen gut für meine Psychohygiene, weil ich das Gefühl habe, etwas geschafft zu haben, und zum anderen habe ich den Textfluss so besser im Auge.

Beim Schreiben geht es mir ähnlich, es bricht aus mir heraus, es fließt, ich tippe schnell – wenn ich denn tippe –, und dann wird gründlich überarbeitet. Ich kämpfe nicht lange mit einzelnen Wörtern und Sätzen. Beim letzten Arbeitsgang lese ich mir den Text laut vor, damit ich höre, ob Rhythmus und Melodie so klingen, wie ich mir das vorgestellt habe.

Nur sind beim Schreiben die Details eben noch nicht da. Sie müssen sich erst finden, und das ist dummerweise ziemlich unberechenbar. Ich weiß nicht, wie lange das braucht, ich weiß nicht, aus welcher Richtung ich mich in den Roman hineinbegebe, und ich weiß nicht, in welcher Reihenfolge die Details zu mir kommen. Oder ich zu ihnen.

Beim Lummenfelsen weiß ich es. Es ist immer zuerst der Geruch. Dann hört man das Rufen und Schnattern. Dann sieht man die ersten Basstölpel in der Luft über dem Wasser, und schließlich biegt man um eine Ecke, und vor einem stürzt der Vogelfelsen ins Meer. Diese hohe rote Klippe, die ganze Steilwand voll von nistenden Vögeln, Basstölpeln, Trottellummen, Eissturmvögeln, Tordalken und verschiedenen Möwenarten. Sie kommen nur zum Nisten her, normalerweise leben sie alle weit draußen auf dem Meer. Aber im Frühjahr sind sie hier und brüten ihre Jungen aus, zu Tausenden, dicht gedrängt an zwei, drei Steilwänden. Alle anderen Wände werden verschmäht. Vermutlich hat das mit der Windrichtung oder der Sonneneinstrahlung zu tun, anders kann ich es mir nicht erklären.

Der unangefochtene Star des Vogelfelsens ist der Basstölpel. Einige brüten immer auch obendrauf, direkt am Klippenrandweg, unmittelbar hinter dem Zaun. Man kann bis auf einen Meter an sie heran, kann ihnen beim Balzen, beim

Nestbau und beim Brüten zusehen und schließlich ihre flauschigen grauen Jungen bewundern. Die Lummen sind unauffälliger, schwarz-weiß wie Pinguine und eher gedrungen, vielleicht so groß wie Enten. Sie nisten ausschließlich an der Wand, man sieht sie und ihre Jungen nur aus der Ferne.

Zum Nestbau benutzen die Vögel alles, was sie finden können, und das sind vor allem Tang und Reste von Fischernetzen und anderer Plastikmüll. Wenn man lange genug auf den Felsen starrt, sieht man zwischen all dem Geschnatter und Geflatter hier und da tote Vögel, die mit dem Kopf oder einem Fuß in eine Schlaufe geraten, nicht mehr weggekommen und elendig in der Wand hängend verhungert sind.

Wenn die jungen Basstölpel flügge sind, breiten sie einfach die Flügel aus und fliegen los, von hoch oben. Die jungen Lummen tun das nicht, sie haben auch noch viel zu kurze Flügel, um zu fliegen: Sie stürzen sich vom Felsen hinab in die Tiefe, vierzig Meter senkrecht nach unten, von wo aus die Elternvögel sie rufen. Auch erwachsene Lummen sind eher plump und haben kurze Flügel, sodass ihnen das Fliegen schwerfällt. Wenn die Jungvögel so groß und so hungrig sind, dass es für ihre Eltern zu anstrengend wird, noch genügend Nahrung heranzuschaffen, kommt es zu diesem sogenannten Lummensprung. Die Jungvögel flattern beim Sprung durchaus mit den Stummelflügeln, manche schaffen es dadurch auch bis ins Wasser, aber viele landen unten am Felssockel auf dem Boden. Dabei verletzen sie sich erstaunlicherweise nicht, sie sind so leicht und durch ihr Gefieder so gut gepolstert, dass ihnen der Aufprall nicht schadet. Seit ich das federleichte Wintergoldhähnchen in der Hand hatte, kann ich mir das besser vorstellen. Die kleinen Lummen gehen dann zu ihren Eltern ins Wasser und lernen irgendwann von dort aus das Fliegen, was mir viel schwieriger vorkommt, als gleich beim ersten Sprung vom Felsen die Flügel auszubreiten. Aber ich bin auch keine Lumme, und die Evolution geht manchmal seltsame Wege. Ins Wasser gelangen können die kleinen Lummen natürlich nur, wenn sie nicht hinter der Wellenbrechermauer landen, was aber die meisten tun. Dort wären sie aufgeschmissen und würden schnell von Möwen attackiert und gefressen werden, wenn nicht allabendlich freundliche Menschen kämen und sie aufsammelten. Sie werden dann beringt, vermessen und gewogen und schließlich über die Mauer geworfen. Oder obendrauf gesetzt, und dann springen sie zum zweiten Mal, zu ihren Eltern, die mit ihnen aufs Meer hinausschwimmen und sie vor Möwen und anderem Ungemach beschützen.

Im Sommer, wenn alle Vögel wieder ausgeflogen sind, hängen nur noch die toten in unterschiedlichen Stadien der Verwesung an den steilen Felswänden.

Ein Stück weiter sieht man plötzlich die Lange Anna. Sie ist das Wahrzeichen Helgolands, vielleicht der wahre Höhepunkt, nur dass er weder am höchsten liegt noch erreichbar ist. Die Lange Anna steht vor der Nordwestspitze Helgolands und ist ein sogenannter Brandungspfeiler. Sehr imposant, wie sie da aus dem Wasser aufragt. Woher der Name Lange Anna kommt, darüber gibt es verschiedene Spekulationen, eine besagt, er käme von den schönen Helgoländer Kellnerinnen. Auf Helgoländisch heißt der Felsen ganz prosaisch Nathurn Stak, das bedeutet »Nordhorn-Brandungspfeiler«.

So lang wie jetzt wird die Anna möglicherweise nicht mehr lange bleiben. Zwar wurde bereits in der Nazizeit eine Schutzmauer im Meer erbaut, um sie vor der Brandung zu schützen (sieht schlimm aus) – aber vor Witterungseinflüssen schützt auch diese Mauer nicht, und der rote Sandstein ist anfällig für Wind und Wetter. Der Felsen ist von Rissen und Spalten durchzogen, die weitere Verwitterung wird sich nicht aufhalten lassen. Schon jetzt ist eine Schicht aus sogenanntem Katersand auf etwa sechzehn Metern Höhe so dünn, dass die oberen zwei Drittel der Langen Anna vom Absturz bedroht sind. Immer hoffe ich, dass sie noch steht, wenn ich wiederkomme.

Einmal kam ich wieder, und es war ein Stück vom Oberland abgebrochen, der Klippenrandweg führte nicht mehr dort entlang, wo er immer gewesen war, weil einfach ein Stück Insel fehlte. Schreckliche Vorstellung. Angeblich war zufällig gerade ein Geologe auf der Insel, der einen Riss bemerkt und sofort die zuständigen Institutionen informiert hat, und sie haben das Stück rechtzeitig abgesperrt. Reines Glück. Nicht auszudenken, was passiert wäre, wenn Menschen drauf gewesen wären.

Ich umrunde die Nordseite, die Düne kommt ins Blickfeld. Was für ein Gegensatz. Der riesige rote Felsklotz mit sechzig Meter hohen Klippen und den vielen Vögeln hier, drüben die flache, sandige Düne mit den bunten Campingbungalows und den Robben. Zwei ungleiche Geschwister. Es gab im Laufe der Zeit immer mal wieder Ideen und Pläne, das Meer zwischen Hauptinsel und Düne aufzuschütten, um Land zu gewinnen. Das Bedürfnis nach Platz ist durchaus verständlich, aber emotional behagt mir die Vorstellung überhaupt nicht. Es macht ja gerade den Charme der Insel aus, dass sie aus zweien besteht (aus Wanst und Phallus womöglich – dramatischer Felsbrocken, Pinneberg, Lange Anna und Vögel hüben, gemütlicher, kuschliger Sandstrand und Robben drüben). Tatsächlich war die Düne früher ein Teil einer größeren Insel Helgoland, wurde aber durch Baustoffabbau und Erosion immer weiter abgetrennt, und die verbliebene Landenge fiel 1721 einer Sturmflut zum Opfer.

Kurz vor den Schrebergärten und bevor die Bebauung wieder beginnt, steht eine Bank. An der Rückenlehne ist eine Plakette mit der Inschrift »Die wirkliche Liebe vergeht nie« angebracht. Die Buchstaben sind eingeprägt und mit schwarzer Farbe aufgefüllt, aber die Farbe ist ziemlich abgeblättert, man kann die Schrift nur noch lesen, wenn man nah genug herangeht, um die Prägung zu erkennen.

Was für ein Bild! Die wirkliche Liebe vergeht zwar nicht, aber sie verwittert im Laufe der Zeit und müsste mal aufgefrischt werden, sonst erkennt man sie kaum noch. Sie ist noch da, aber man bemerkt sie nicht mehr auf den ersten Blick. Ich weiß nicht, ob man die Buchstaben wieder mit Farbe auffüllen kann. Ich weiß auch nicht, wie man eine verwitterte Liebe auffrischt, wahrscheinlich gibt es da keine Patentrezepte. (Bei Messingschildern vermutlich schon.) Und was ist überhaupt »wirkliche Liebe«? Gibt es auch unwirkliche Liebe? Unwahre Liebe? Falsche Liebe? Was soll das sein? Oder soll es bedeuten: Wenn die Liebe vergeht, war es nicht wirklich Liebe? Das will ich doch bezweifeln. Man kann ja eine Weile lieben und dann nicht mehr. Oder nicht mehr so sehr. Jedenfalls ist das schon wieder ein gutes Romanthema: Wie ist es, wenn die Liebe altert, verwittert und nicht mehr so gut zu erkennen, zu lesen ist? Kann man sie auffrischen? Oder hat das denselben Effekt wie zu viele Schönheitsoperationen, die nicht schöner, sondern nur unechter machen? Oder ist es völlig okay, wenn die Liebe sich nicht mehr so in den Vordergrund spielt, wenn sie blasser wirkt, denn man weiß ja, dass sie dennoch da ist? Sie war ja die ganze Zeit da. Und sie ist gewissermaßen sogar tiefer geworden.

Ich sehe den Heidschnucken und Kühen beim Grasen zu und denke über die Liebe nach. Die Tiere sind hier praktisch als Rasenmäher angestellt, und vielleicht noch ein bisschen zur Dekoration. Ein Kegelclub, der längst nicht mehr kegelte, hatte zu diesem Zweck schon vor Jahren eigentlich Ponys angeschafft und sich in »Ponyclub« umgetauft. Leider kamen die Ponys mit dem Klima nicht gut zurecht und bekamen eine Hufkrankheit, und so besitzt der Ponyclub jetzt also etwa dreißig Heidschnucken und eine Handvoll Galloway-Rinder, heißt aber weiterhin Ponyclub. Die Tiere halten das Gras auf dem Oberland so kurz, dass die Helgoländer Luft allergenfrei bleibt. Eins der Schafe wurde angeblich im Kuhstall geboren und läuft jetzt immer den Rindern hinterher, weil es sie für seine Herde hält. Gesehen habe ich das nie. Ungefähr eine Heidschnucke pro Jahr stürzt ab, und von den Tieren, die den Sturz überleben, kommen nicht alle aus den Klippen wieder heraus. Manchmal kann die Feuerwehr helfen, notfalls werden sie vom Wasser aus erlegt, damit sie nicht elendig verhungern. Eine Helgoländerin erzählte mir allerdings, einmal sei ein Tier hinuntergefallen, auf einem Felsvorsprung gelandet, und man habe es tagelang schreien hören. Dann wurden die Schreie leiser, und irgendwann sei es still geworden.

Ich habe mir einen Überblick verschafft. Ich habe die Erdkrümmung gesehen. Ich habe mir den Kopf durchpusten lassen, ich habe geguckt und gelacht und über das Blau und die Flugmanöver der Basstölpel gestaunt. Ich habe eine Metapher über die Liebe gefunden. Hilft mir das bei meiner Geschichte? Habe ich etwas verstanden? Etwas gelernt? Weiß ich jetzt, wie meine Geschichte aussieht und wohin man von ihr aus gucken kann? Eine Geschichte mit Blick bis zur Erdkrümmung, das wär's.

Nach dem großen Überblick und der Fernsicht muss man wohl in die Tiefe gucken. Sowohl auf der Insel als auch in der Geschichte. Unten liegen die Jugendherberge und der Nordstrand. Es gibt eine kleine Tradition, mit den angespülten roten Steinen (Bruch von der Insel) Botschaften oder Bilder in den Sand zu legen, die man vom Oberland aus sehen kann. Die nächste Jugendherbergsgruppe nimmt sie dann wieder auseinander und legt etwas Neues. Eine Art fluktuierendes Kunstwerk, oder eine Pinnwand, mal stehen Namen im Sand, mal liegen da Herzen, Peace-Zeichen, politische Botschaften über Plastikmüll im Meer, rätselhafte Geheimsymbole, Penisse. Bei jedem Besuch liegt da etwas anderes.

Man kann auch noch tiefer gehen, ins Innere der Geschichte und der Insel eindringen und die Bunkeranlagen besichtigen. Helgoland wurde im Zweiten Weltkrieg, beziehungsweise schon kurz vorher, zur Festung ausgebaut, mit mehreren kilometerlangen Luftschutzstollen im Fels, die Platz für 3500 Personen und ein unterirdisches Krankenhaus mitsamt

OP boten. In den Stollen stand jeweils an einer Wand entlang eine einfache Bank, und jeder Helgoländer und jede Helgoländerin hatte darauf einen festen Platz, wenn es Luftangriffe gab. Es muss unfassbar eng und stickig gewesen sein, während oben Bomben auf die Insel fielen und man nicht wusste, ob man lebend wieder aus dem Stollen kommen und was einen dort draußen erwarten würde. Wenn Schwerverletzte durch den Gang zum unterirdischen Krankenhaus getragen wurden, mussten sich alle auf die Bänke stellen, um Platz zu machen. Die Kinder wurden mit dem Gesicht zur Wand gedreht, damit sie die Verwundeten nicht sahen. Ein alter Helgoländer erzählte mir, er hätte heimlich trotzdem geguckt. Und das hätte er besser bleiben lassen. Dann hat er schnell das Thema gewechselt.

Für eine gute Geschichte muss man ebenfalls tief hinuntergehen, mitten rein ins Fundament. Dahin, wo die Verletzten und die Toten sind. Wo die Traumata sitzen. Man muss das nicht alles im Detail erzählen, aber als Autorin muss ich wissen, wie dieses Fundament aussieht. Ich muss wissen, in welchem tiefen Loch meine Figuren gesessen und sich zu Tode gefürchtet haben. Ich muss wissen, ob sie heimlich geguckt und schlimme Dinge gesehen haben. Und was sie, als sie wieder herauskamen, fürs Leben mitgenommen haben. Verletzungen, Wunden, Narben. Ängste.

Ich habe die Basis erkundet, den Höhepunkt erklommen und das Innere gesehen. Ich habe von unten nach oben geblickt, von oben nach unten und in die Weite. Und dann wieder von vorn und alles durcheinander.

So ähnlich schreibe ich auch. Nie einfach von vorne nach

hinten. Zwar fange ich vorne an, aber sobald ich stecken bleibe, lese ich noch einmal, was ich bisher geschrieben habe, füge hier und da etwas ein, ergänze und erzähle Szenen aus, die bisher nur angedeutet waren. Inzwischen kenne ich ja auch die Figuren besser und kann weiter vorne im Text Details einfügen, die sie charakterisieren. Wenn Kolleginnen erzählen, sie seien fertig mit der ersten Fassung und würden sich jetzt an die zweite machen, verstumme ich immer, weil ich so etwas nicht habe. Manchmal steht der Schluss längst, bevor das Buch zum ersten Mal »fertig« ist. Dafür stehen mittendrin Kommentare wie »Hier noch was einfügen« oder »Das geht doch genauer« oder »Das ist zu lang, kürzen!«. Ich speichere auch keine unterschiedlichen Versionen ab, sondern habe eine einzige Datei, die ich so lange weiter bearbeite, bis ich sie für fertig halte. Oder zumindest für an-den-Verlag-schickbar. Nie arbeite ich nur hinten weiter, sondern immer überall gleichzeitig. Und immer denke ich: Beim nächsten Mal plottest du alles vorher, du denkst deine Figuren von Anfang an durch, bis du sie wirklich kennst, dann musst du das Ganze nur noch ausformulieren, und es ist nicht so ein Kampf. Ich weiß aber jetzt schon, dass es auch beim nächsten Mal nicht so sein wird, vielleicht funktioniere ich einfach anders. Und vielleicht ist das Gras auf der anderen Seite des Zauns auch gar nicht grüner, sondern das eine Vorgehen genauso gut oder schlecht wie das andere.

Ich kehre an den Schreibtisch zurück. Auf der Runde ums Oberland ist mir keineswegs die große Erleuchtung gekommen, natürlich nicht. Ich habe nicht mal dauernd ans Schreiben gedacht, an meine Geschichte oder meine Figuren. Aber irgendein Klötzchen in meinem Kopf ist unbemerkt an die richtige Stelle geplumpst, und es geht weiter mit dem Text. Ich glaube auch gar nicht an Erleuchtung oder die Muse oder Inspiration. Ich glaube vor allem an Sitzfleisch. So protestantisch das klingt: Ich glaube an Fleiß.

Und ich glaube an Feedback. Das ist auch so ein Thema, bei dem alle unterschiedlich ticken: was man rausgibt, wie viel Feedback und Kritik man braucht, möchte, verkraften kann. Ich brauche viel davon, immerzu und immer wieder.

Mein schreiberisches Selbstbewusstsein ist nämlich nicht besonders groß. Beim Übersetzen ist das anders, da weiß ich ganz gut, was ich kann und wo ich stehe. Beim Schreiben fällt es mir deutlich schwerer, da bin ich immerzu unsicher. Allerdings nicht so unsicher, dass ich davor zurückschrecken würde, Halbfertiges, Angefangenes, Baustellen an meine Agentin, meine Lektorin oder Kollegen zu schicken, im Gegenteil – ich brauche immer wieder zwischendurch Rückmeldung. Und zwar nicht die Sorte »alles super, weitermachen«, sondern ich möchte Kritik. Ich brauche Leute, die mir sagen, wo es hakt, was gut funktioniert, was noch fehlt, was zu ungenau ist, worüber ich noch nachdenken muss. Ich kann aus der Kritik dann ganz gut herauspicken, was ich auch so sehe, was mir weiterhilft, was ich umsetze und wo ich anderer Meinung bin. Welchen Schuh ich mir anziehe. Ich weiß von vielen Kolleginnen und Kollegen, dass sie gar nichts rausschicken, was sie selbst nicht für einigermaßen fertig halten, auch nicht an Lektorin und Agentin. Niemand darf die Baustelle sehen.

Meine Baustellen darf man sehen, und ich lade gern kompetente Architektinnen, Vorarbeiter, Bauherrinnen und

Maurer zur Besichtigung ein. Weil ich zu schnell betriebsblind werde und vielleicht nicht mehr sehe, wo ein Fenster fehlt, wo eine Dachterrasse hinkönnte oder eine Wand schief gemauert ist. Und auch deswegen, weil ich mich freue, wenn sie bemerken, was für einen geschmackvollen, besonderen Fußbodenbelag ich ausgesucht habe. Leute, mit denen ich darüber diskutieren kann, ob ein offener Kamin im Wohnzimmer kitschig ist, und wenn ja, ob trotzdem einer reinsoll. Die mir sagen, wenn die Tür klemmt. Man muss ein bisschen Glück haben und die passenden Beraterinnen finden. Aber wenn man sie hat, dann ist das ein ganz großes Glück. Wenn jemand sich die Zeit nimmt, den Text gründlich anguckt und sagt: Versuch doch mal, ob du nicht vorne mehr dies und hinten mehr jenes Gefühl reinbekommst. Und streich die Füllwörter. Jemand, der die richtigen Fragen stellt, die einen auf die Spur bringen. Der einem vielleicht auch Selbstverständlichkeiten sagt, weil man sie sonst nicht gesehen hätte. Und der gleichzeitig sagt: Das wird was, mach weiter.

Auf Facebook schreibt jemand: »Bin mit der ersten Fassung meines Romans fertig. Hat drei Monate gedauert. Jetzt überarbeiten.« Ich möchte gern den Kopf auf den Tisch knallen, wie geht das, in drei Monaten einen ganzen Roman schreiben? Jedes Jahr im November ist »NaNoWriMo«, nämlich »National Novel Writing Month« (allerdings findet er international statt, aber die Idee kam zunächst aus den USA). Man soll sich einen Monat freinehmen und einen Roman schreiben, es gibt eine Plattform, auf der man alles Geschriebene hochladen kann, um das eigene Vorankommen zu dokumentieren, »Meilensteine zu erreichen«, sich auszutauschen und so weiter. Kann das gehen? In einem Monat einen Roman schreiben? Zumindest so weit, dass man damit weiterarbeiten kann? Ich könnte es nicht. Ich will gar nicht behaupten, bei so einem Tempo könne nichts Gutes herauskommen. Vielleicht sollte ich es einfach mal versuchen, aber ich bin ja schon von den Kolleginnen und Kollegen beeindruckt, die jedes Jahr einen Roman schreiben. Einen guten.

> »Aber ich kann es noch nicht so schnell wie ihr«, wehrte die Tante ab.
> »Um Gottes willen, Tante Julie, es kommt beim Dichten doch nicht auf Schnelligkeit an!«, rief ich. »Ob man an einem Gedicht eine Viertelstunde oder ein Vierteljahr herumbastelt, ist vollkommen egal. Wichtig ist, dass es am Ende eine ordentliche Sache ist.«
> »Und dein Gedicht, liebe Julie, ist eine ordentliche Sache«, ergänzte mein Urgroßvater.

Na, da bin ich aber erleichtert. Danke, James, beziehungsweise Boy. Es gibt Leute, die brauchen ein Vierteljahr für ein Gedicht, andere schreiben in einem Monat einen Roman.

Manche laufen auf dem einen Quadratkilometer großen Helgoland einen Marathon, das kommt mir so ähnlich vor, wie in einem Monat einen Roman zu schreiben. 42 Kilometer. Auf Helgoland. Man muss dafür ungefähr alle Wege ablaufen, die Helgoland hat, und das fünf Mal. Der Marathon findet jedes Jahr statt. Fünf Mal um die Insel bedeutet auch, fünf Mal den sogenannten Düsenjäger hoch, das ist ein extrem steiler Weg vom Unterland ins Oberland. Ich bin auch

Läuferin und käme da kein einziges Mal laufend hoch – allerdings machen das auch die Marathonis nicht, das Stück gehen sie. Normalerweise ist Gehen während eines Marathons natürlich verpönt, hier ist Laufen aber unmöglich. Und dann fünf Mal ums Oberland, wo der Wind schlimm pfeift, auf der anderen Seite durchs Mittelland wieder runter, durch das Wellensturzbecken im Süden, wo der Wind genauso schlimm pfeift, zurück durchs Unterland und wieder den Düsenjäger hoch. Oben am Düsenjäger ist eine der Stationen, an denen man Wasser bekommt, ein paar Insulaner und Touristinnen stehen überall am Wegesrand und feuern die Laufenden an. Und in der nächsten Runde wieder. Mir kommt das alles vollkommen irre vor – schon die Idee, überhaupt 42 Kilometer am Stück zu rennen – aber ausgerechnet auf dieser winzigen Insel einen Marathon zu veranstalten, finde ich so wundervoll beknackt, dass ich mir glatt überlegen könnte … Nee, Moment. Ich laufe keinen Marathon, ich schreibe ja auch keine Siebenhundert-Seiten-Romane. So wie ich auch keine Lyrik schreibe und keinen Sprint laufe. Ich bin die Mittelstrecke. Zehn Kilometer laufen, 250 Seiten schreiben.

Seit ich von dem Marathon weiß, glaube ich, dass es einen speziellen Helgoländer Humor gibt. Denn da muss man ja erst mal drauf kommen, auf diesem Inselchen einen Marathon zu veranstalten. Und so eine Idee dann auch umzusetzen. Genauso wie auf Tetrapoden als Kettenanhänger. Oder das Gipfelkreuz auf dem Pinneberg, der nicht wirklich Pinneberg heißt. Oder Sturmwichteln.

Ich fahre auf die Düne. Die Düne spare ich mir gern auf für einen Tag mit gutem Wetter, weil es dann so unfassbar schön dort ist. Das ist es bei mittelprächtigem Wetter auch, aber bei Sonne eben ganz besonders. Schon die Überfahrt ist herrlich, dieser knappe Kilometer in der kleinen *Witte Kliff*, die alle halbe Stunde einmal rüberfährt und dann wieder zurück. Im Münzfach meines Portemonnaies ist praktisch immer ein Ticket für die Dünenfähre. Grün, von so einer Abreißrolle. Das Ticket wird auf der Hinfahrt eingerissen, auf der Rückfahrt will es niemand mehr sehen, denn man muss ja sowieso hingefahren sein und ein Ticket gekauft haben.

Wenn man das Bild von der Insel als Geschichte beibehalten will, ist die Düne sozusagen die Abschweifung, das Nebenthema – aber dann doch der heimliche Star. Vielleicht braucht man so etwas für eine wirklich gute Geschichte: ein vermeintliches Nebenthema, das aber nicht unbedingt eine kleinere Rolle spielt als der vordergründige Inhalt. Oder eine scheinbar nebensächliche Figur, die aber dann den Oscar für die beste Nebenrolle bekommt. Es mag nicht zwingend notwendig sein, aber auf jeden Fall bereichert es eine Geschichte, wenn sie noch etwas im Gepäck hat, das vielleicht sogar im Gegensatz zur eigentlichen Hauptinsel steht. Etwas, was bei näherer Betrachtung doch gar nicht wesentlich kleiner ist, nicht unspektakulärer oder weniger wichtig. Es kommt nur etwas unauffälliger daher. Den Gedanken behalte ich für den nächsten Roman mal im Kopf.

Die Düne begrüßt einen mit Schildern, dass man dreißig Meter Abstand zu den Robben halten soll. Kegelrobben sind die größten Raubtiere Deutschlands, und so plump und träge sie auch wirken: Sie sind auch an Land erstaunlich schnell, und sicher schneller, als ein Mensch auf Sand rennen kann. Natürlich jagen sie normalerweise keine Menschen, aber ich möchte doch auf keinen Fall versehentlich zwischen eine Kegelrobbenmutter und ihr Junges geraten. Eine ausgewachsene Kegelrobbe kann bis zu drei Meter lang und 300 Kilo schwer werden, damit möchte man sich nicht anlegen. Seehunde sind nur etwa halb so groß und schwer.

Durch die Verschmutzung der Nord- und Ostsee hatte es 1988 ein großes Seehundsterben gegeben, und die Seehund- und Robbenbestände waren dramatisch zurückgegangen. Seitdem hat sich aber in Sachen Umweltschutz einiges gebessert, und seit 1995 werden auf Helgoland wieder Kegelrobben und Seehunde geboren. Die Bestände erholen sich stetig, in der Geburtensaison 2020/21 waren es schon 652 Kegelrobben-Geburten. Damit wird es langsam ein wenig eng auf der Düne.

Ich bin mit Michael Janßen verabredet, dem Dünenchef. Er ist für den Campingplatz und die Strandkörbe zuständig, für die Robben und anderen Tiere, für das Pflanzen von

Sträuchern als Wind- und Sichtschutz am Strand und überhaupt alles, was die Bewirtschaftung und die Natur auf der Düne betrifft. Um diesen Posten anzutreten, musste er zunächst einen Jagdschein machen, denn das gehört dazu: Wenn Tiere krank sind, wenn sie andere Tiere anstecken können oder selbst zu sehr leiden, muss er sie erschießen. Im Moment, erzählt er, hat eine der jungen Robben Lungenwürmer, das erkennt man daran, dass sie blutigen Schaum vor dem Maul hat. Die Würmer zerfressen die Lunge, die Tiere sind nicht zu retten. Er habe an diesem Morgen bereits versucht, sie zu erschießen, aber die Robbe hatte noch zu viel Kraft und ist abgehauen. Am Nachmittag will er es vielleicht noch mal versuchen, sonst morgen. Das mit dem Erschießen ist immer wieder blöd, weil er es in einem Moment machen muss, in dem die Robbe gerade an Land ist. Oft sind dann leider auch Touristen in der Nähe, und die kommen zu ihm und diskutieren, warum er das getan hat und ob es wirklich nötig war. »Als würde ich die zum Spaß erschießen! Natürlich war es nötig.« Wenn er irgendeine Möglichkeit sieht, ein Tier noch zu retten, dann lässt er es in die Robbenstation in Friedrichskoog bringen. Es ist allerdings ein ziemlicher Aufwand, so ein Tier in einen Käfig zu verfrachten, eine Transportmöglichkeit zu finden, mit dem Schiff oder dem Flugzeug, an Land dann noch mal umzuladen, all das ist auch eine ziemliche Belastung für die Tiere. Aber wenn er die Möglichkeit sieht, dass eins wieder gesund werden kann, macht er es. Oft betrifft das ganz junge Robben, die von ihren Müttern nicht angenommen wurden oder deren Mütter gestorben sind.

Wir gehen am Nordstrand entlang, Michael erzählt mir

etwas über Seehunde und Kegelrobben und wie man sie voneinander unterscheiden kann. Mir gelingt es trotzdem nicht.

Dann wird er plötzlich schneller. Und wütend. »Da stehen die tatsächlich um die kranke Robbe herum! Als stünden nicht überall Schilder, dass man Abstand halten soll! Das ist doch totaler Stress für das Tier!« Dort hinten, kurz vor den Wellenbrechern, liegt eine kleine Robbe. Ich sehe sie erst spät, die Tiere sind, wenn man flach über den Strand guckt, erstaunlich gut getarnt. Um die kleine Robbe herum stehen fünf Leute. Michael marschiert auf sie zu. Er trägt sandfarbene Kleidung mit großen Taschen drauf und einen breitkrempigen Hut, man sieht ihm sofort an, dass er hier zuständig ist. Die Leute fühlen sich erwischt und verteidigen sich: Die Robbe sehe nicht gut aus, sie habe Blut am Mund. Ja, sagt Michael, das habe er bereits auf dem Schirm, und das Abstandsgebot gelte auch für kranke Tiere. Und er werde sich drum kümmern. Die Leute verziehen sich kleinlaut.

Ich frage Michael, ob die Robben ihn kennen und ob er sie alle kennt. Teils, teils, sagt er. Manche Einzeltiere kennt er, wenn er eine besondere Begegnung mit ihnen hatte. Und er erkennt am Verhalten, ob sie von der Insel sind; viele, die anderswoher kommen, sind schreckhafter und nicht so an Menschen gewöhnt. Das erste Junge des Jahres 2020, sagt er, war vermutlich ein Brexit-Flüchtling. Es hatte einen leicht rötlichen Kopf, die Eltern kommen wahrscheinlich aus Schottland. Und er glaubt, die Tiere kennen ihn auch, sie erkennen seine Silhouette. Wir betrachten die kranke kleine Robbe. Sie ist noch sehr jung und ganz offensichtlich schwach, sie atmet schwer, kann nicht mehr weg. Michael sagt zu ihr: »Ich komme nachher wieder. Aber erst mal lege ich dich jetzt hinter die Steine, damit man dich nicht mehr sieht.« Sie guckt ihn mit großen Augen an. Und er sie. Dann packt er sie mit einer blitzschnellen Bewegung mit beiden Händen direkt vor der Schwanzflosse, wo sie am schmalsten ist, und muss sie dann am ausgestreckten Arm ein Stück tragen, denn sie wehrt sich natürlich mit aller Kraft, die sie noch hat. Sie versucht, den Kopf hochzudrehen und ihn zu beißen. Glücklicherweise ist sie noch so klein, ein ausgewachsenes Tier könnte man nicht mal eben am ausgestreckten Arm ein paar Meter tragen. Ich frage Michael, wie er sie erschießt. Aus der Nähe, sagt er, mit der Kurzwaffe. Damit er sicher ist, dass er sie gleich richtig trifft und nicht erst verletzt und sie dann womöglich ins Wasser flieht. Er steht direkt vor dem Tier und schießt. Ob man das lernt, frage ich und meine: emotional. Ob es einfacher wird mit der Zeit oder ob es ihm schwerfällt. Michael wird leise und sagt, es ist jedes Mal wieder schwer. Guck doch mal in diese Kulleraugen. Das Tier ist ja schon ganz schwach, es ist fix und fertig. Es guckt dich an, und du meinst, es sagt: Hilf mir. Und dann musst du es erschießen. Das ist die einzige Hilfe, die ich ihm noch geben kann, es ist richtig und vernünftig, aber es ist jedes verdammte Mal wieder hammerhart. Man gewöhnt sich nicht daran.

Mein Urgroßvater sagte, er habe Helden, die sich zu ihrer Tat erst überwinden müssen, besonders gern. »Sie packen das, was sie tun, wie eine bittere, aber notwendige Aufgabe an.«

Michael hat keine Wahl. Wenn so ein Tier sich Lungenwürmer eingefangen hat, gibt es keine andere Lösung. Ist er ein Held? Irgendwie schon. Tatsächlich habe ich mich, im Gegensatz zu James Krüss, nie mit der Frage beschäftigt, was einen Helden ausmacht. Als Romanfigur taugt am Ende jeder Mensch, jedes Leben. Wenn es nur gut erzählt wird. Und wahrscheinlich ist jeder Mensch in seinem Leben sein eigener Held, auch wenn er keine nach außen hin groß wirkenden Heldentaten vollbringt. (In meinem Kopf singt Sven Regener: »Und jeder will ein Held sein und irgendeine Heldentat vollbringen. So auch ich, natürlich, ich will der, der dich hier herausholt, sein.«) Ich finde es unbedingt heldenhaft, kranke Robben zu erschießen. Eine gute Tat, von der ich nicht weiß, ob ich sie fertigbringen würde. Ich bin froh, dass ich es nicht muss.

Später denke ich: *Kill your darlings*. Das ist natürlich etwas vollkommen anderes, aber mein Hirn macht so etwas manchmal. *Kill your darlings* ist eine dieser beliebten Schreibregeln; manchmal muss man Dinge löschen, die man besonders liebt. Einzelne Wörter, die man zu gern verwendet. Formulierungen, auf die man besonders stolz war, die aber doch nicht recht reinpassen. Szenen, die einem Spaß gemacht haben, die aber zu wenig zur Geschichte beitragen. Oder gar komplette Figuren, die man gern mochte. Da sitzen einem Engelchen und Teufelchen auf der Schulter und sagen: Na los, raus damit. – Och nee, ist doch so hübsch. – Vergiss es, das ist Kitsch. – Was, nein! Es ist berührend! – Schmeiß es raus. Und so weiter.

Kürzlich wurde an der Nordostspitze der Düne eine Ruhezone für die Robben eingerichtet. Ein kleiner Bereich, in den man jetzt nicht mehr darf, er ist mit Flatterband abgetrennt, und Schilder erklären, weshalb die Absperrung nötig ist. Manche Helgoländer sehen das nicht ein, sie sind der Meinung, da habe man doch schon immer hingedurft, also wollen sie das auch weiterhin. Das ist natürlich nicht hilfreich, für die Robben und Seehunde wäre eine Ruhezone ganz gut, vor allem, wenn sie Junge haben. Allerdings müssen sie auch erst mal merken, dass da ein Bereich ist, in dem keine Menschen herumlaufen. So groß ist der auch gar nicht, man kann sehr gut einfach nicht dort hingehen. (Finde ich.)

Die Schulleiterin Eva Middeldorff erzählte mir, dass einmal die Polizei in der Helgoländer Schule war und Verkehrserziehung mit den Kindern machte. Zwar gibt es auf der Insel gar keinen Verkehr, aber die Kinder sollen ja auch bei Festlandaufenthalten nicht völlig unvorbereitet sein. »Was passiert, wenn eine Ampel rot ist?«, fragte der Polizist. »Dann kommt ein Flugzeug«, sagte ein Kind.

Und es hatte recht. Früher stand an der nordöstlichen Ecke der Düne mitten im Sand eine Ampel. Die einzige Ampel Helgolands. Wo kein Verkehr ist, braucht man keine Ampeln, und mitten im Sand braucht man normalerweise erst recht keine, aber hier liegt der Flugplatz, und startende und landende Flugzeuge fliegen einem ziemlich niedrig über den Kopf. Inzwischen ist die Ampel nicht mehr dort, das wird damit zusammenhängen, dass sich die Form der Düne (wie auch die der Hauptinsel) gelegentlich verändert, und damit auch die Einflugschneise und die Fußwege.

Vor einigen Jahren bog ich hier um die Ecke zum Kiesstrand, und da war kein Kiesstrand mehr. Komplett weggespült bei einer Sturmflut, so etwas hatte ich noch nie gesehen, hatte es auch nicht vorher gehört, und ich war geradezu verstört, als der vertraute Kiesstrand einfach nicht mehr da war. Weg. Nichts mehr. Inzwischen wurden dort Wellenbrecher ins Wasser gebaut und Kies angeschüttet, weiterer Kies hat sich dann von selbst wieder angesammelt. Die Natur ist einem hier draußen so viel näher als auf dem Festland, man spürt viel deutlicher, was für Kräfte da wirken. Da kommt auf einmal das Meer an und nimmt sich den Strand. Oder der Wind ein Stück vom Oberland. Man wird demütig.

An einer Stelle auf der Ostseite sind viele breite Baggerspuren im Sand. Michael sagt: »Hier drunter ist ein Massengrab. Da habe ich die letzten toten Tiere alle verbuddelt.«

Manchen Tieren kann er aber auch helfen. Gelegentlich haben die Robben Plastik um den Hals, aus dem er sie befreien muss. Meist sind das junge oder jugendliche Tiere, die mit allem spielen, was so im Wasser herumschwimmt – auch mit badenden Touristen manchmal, da gibt es auch schon mal Verletzte, aber nicht, weil die Robben angreifen, sondern weil sie spielen wollen. Es sind meist keine schlimmen Verletzungen, aber eben doch Verletzungen. Die alten Tiere spielen nicht mehr, sie wollen in Ruhe gelassen werden. Die Jungen wachsen anfangs sehr schnell, und wenn sie mit Plastikmüll spielen, mit Resten von Fischernetzen beispielsweise, und ein Plastikteil um den Hals nicht innerhalb weniger Tage wieder loswerden, dann wird es immer enger. Ein paar Tage zuvor, erzählt Michael, habe er mit einer Robbe wirklich heftig gekämpft, um sie zu befreien. Betäuben kann er die Tiere nicht, denn wenn er ihnen mit dem Blasrohr einen Betäubungspfeil in den Körper schießt, dann bekommen sie erst mal einen Schreck und flüchten ins Wasser. Dort setzt die Betäubung ein, und sie ertrinken. Also muss er sie bei vollem Bewusstsein aus dem Plastik befreien. Er schleicht sich an, ganz langsam, Schritt für Schritt, und nutzt dann ein Überraschungsmoment, um sich auf sie zu werfen. Das Tier neulich habe sicher siebzig Kilo gewogen und sich heftig gewehrt, natürlich, so eine Robbe weiß ja nicht, was das soll, dass sich plötzlich ein Mensch auf sie wirft. Er zieht den Robben ein Schlauchnetz über, damit sie nicht so leicht abhauen können, und muss dann versuchen, sie irgendwie am Boden zu fixieren, um durch das Netz hindurch das Plastikteil durchtrennen zu können. Leider sind Reste von Fischernetzen furchtbar stabil. Und so eine Robbe zappelt und zappelt, versucht sich zu wehren, sich zu befreien. Siebzig Kilo zappelndes Raubtier mit scharfem Gebiss. Es dreht sich natürlich auch immer wieder auf den Bauch, um sich zu schützen, Michael muss aber vorne mit dem Messer unter das Plastik kommen, denn vorne ist die Robbe weicher, am Rücken sitzt das Plastik meist zu stramm. Ein langer Kampf sei das gewesen, sagt er, aber er habe es schließlich geschafft. Ich frage, ob er glaubt, dass die Tiere im Nachhinein verstehen, dass er ihnen geholfen hat. »Als ich fertig war«, sagt er, »habe ich die Robbe aus dem Schlauchnetz geholt. Und dann lagen wir beide eine Zeit lang total erschöpft nebeneinander im Sand und mussten erst mal verschnaufen. Irgendwann hat sie den Kopf gehoben, mir eine ganze Weile tief in die Augen geguckt, und dann ist sie ins Wasser verschwunden.«

Am Übergang zum Südstrand trennen wir uns. Michael muss wieder an die Arbeit, ich gehe ins Dünenrestaurant hinter dem malerischen kleinen Dünen-Leuchtturm. Der Dünen-Leuchtturm ist praktisch das Gegenteil des großen Leuchtturms auf der Hauptinsel: ganz klein, rund und rotweiß gestreift, er sieht haargenau so aus, wie ein Leuchtturm aussehen muss. Mir geht jedes Mal das Herz auf, sobald er in den Blick kommt.

Auch auf dieser Seite der Düne liegen Robben, demnächst werden die Kegelrobbenjungen geboren, die trächtigen Mütter kommen zunehmend an Land. Ein paar Strandkörbe stehen noch herum, es ist Oktober, aber sonnig, einige Kinder buddeln im Sand. Ich sitze draußen und bestelle Tee und Pommes. Das Dünenrestaurant eignet sich hervorragend dazu, einfach sitzen zu bleiben. Am besten in kleinen Gruppen, man sitzt da und guckt auf Wasser und Sand, einer bestellt noch ein Bier, die Nächste ein Stück Kuchen, dann wieder einer einen Sanddorngrog und die andere einmal Pommes, und immer so weiter. Wenn man Kinder dabeihat, kann man zwischendurch irgendwas mit Sand machen, Muscheln sammeln oder Bernstein suchen, und wenn man keine Kinder dabeihat, auch. (Zwischendurch Sonnenmilch nachlegen nicht vergessen.) Und den Austernfischern zugucken, die nach Pommes und Kuchen gieren. Es gibt auf Helgoland einen 35 Jahre alten Austernfischer, angeblich ist er der drittälteste Europas. Er mag gern Käse. Nach dem Winter kommt er immer erst mal zu Michael in die Werkstatt, sagt Hallo und verlangt ein Stück Käse. Natürlich hat Michael welchen da, und er freut sich jedes Jahr, wenn der Austernfischer wieder da ist.

Es gibt nichts Besseres zum Runterkommen und Entspannen als das Dünenrestaurant. Das liegt nicht am Restaurant oder an der Küche, die ist nicht weiter ungewöhnlich, sondern daran, dass da ansonsten nichts ist, außer Sand, Wasser und Robben. Und Austernfischern. Und der Sonne. Und dem Himmel. Manchmal fährt ein Schiff vorbei. Mehr braucht man ja nicht.

Aber ich bin allein und habe kein Buch dabei, und es wird dann doch langsam frisch. Ich gehe noch ein bisschen am Strand entlang und höre hinter mir plötzlich den großen Radlader herankommen. Michael sitzt drin und sagt, er hat da vorne einen Riss, den er wegräumen muss. Ich brauche einen Moment, bis mir klar wird, was »ein Riss« ist: Eine große Kegelrobbe hat einen jungen Seehund gerissen. Die Kegelrobben brauchen den Platz hier jetzt, um ihre Jungen zu gebären, da wollen sie keine Seehunde in der Nähe haben. Das wissen die Seehunde eigentlich auch und verziehen sich rechtzeitig, ihre eigenen Jungen kommen erst im Juni und Juli zur Welt. Normalerweise jagen die Robben keine Seehunde, aber vor dem Winter wollen sie so viel Fett wie möglich ansetzen, und wenn ihnen dann ein junger Seehund in die Quere kommt, kann es schon mal passieren.

Natürlich gehe ich mit, das will ich mir ansehen. Ich rechne mit einem Massaker, mit herausgerissenen Fleischbrocken, Blut und Fetzen. Aber so ist es nicht, die Kegelrobbe hat verblüffend ordentlich gearbeitet: Sie hat dem Seehund am Hals das Fell abgetrennt und ihn praktisch auf links gezogen, vollständig und in einem Stück, bis zur Schwanzflosse. Das ganze Fleisch ist abgenagt, die Innereien liegen säuberlich im unangetasteten Rippenkäfig. Nur ein Stück

Darm hängt heraus. Michael zeigt mir an der Innenseite der Haut Nagespuren, denn das Fett, das dort saß, wollte die Robbe natürlich haben. Ich bin schwer beeindruckt, man möchte der Robbe geradezu attestieren, sich sehr gut benommen zu haben. Michael zieht sich Handschuhe über und stülpt den Seehund wieder auf rechts, er zieht das Fell wieder über Knochen und Innereien und legt das tote Tier in die Baggerschaufel.

»Tschüss«, sagt er und fährt weg. Kein Mann großer Worte.

Ich ziehe mir Schuhe und Strümpfe aus und gehe ein paar Schritte ins Wasser. Auch das ist eine meiner kleinen Privattraditionen, ich muss, egal bei welchen Temperaturen und welchem Wetter, mit den Füßen ins Wasser. Sonst war man ja praktisch gar nicht am Meer. Und selbst bei Kälte werden die Füße in eisigem Wasser ja irgendwie warm, spätestens dann, wenn man danach ein bisschen auf dem Sand läuft.

Auf dem Rückweg zur Dünenfähre gehe ich immer auf den Friedhof der Namenlosen. Kein Dünenbesuch, ohne dort vorbeizusehen. Auf dem Friedhof der Namenlosen, der nur ein kleiner Platz mit einigen Gedenksteinen ist, wird der Menschen gedacht, die tot auf Helgoland angespült wurden; Menschen, die niemand kennt, von denen niemand weiß, woher sie kommen, von welchem Schiff sie gefallen sind, und von denen zu Hause niemand weiß, wohin es sie getrieben hat und wo sie verschollen sind. Heutzutage wird dort zwar niemand mehr bestattet, aber die Gedenksteine werden gepflegt, und es gibt eine Glocke, die als Gedenkgabe auf die

Insel kam, als sie 1952 von den Engländern wieder freigegeben wurde.

Auf der Gedenktafel für die »Namenlosen« steht:

Ihr Namenlosen im weißen Sand,
den Nordseewogen umbranden,
wie kamt ihr hier an diesen Strand,
aus welchen fernen Landen?

Ihr hattet euch dem Meer vertraut,
zur Heimat kehret ihr nimmer.
Um euch ist manches Haupt ergraut,
verschollen seid ihr für immer.

Und floss auch keine Träne hier,
ertönte kein Trauergesang,
stehn doch in stummem Schauern wir,
bedrückt ist das Herz und bang.

Doch ruht ihr. Vielleicht wär herberes Los
euch sonst noch auf Erden beschieden.
Vom Meer umtost in der Düne Schoß
ruht ihr heimatlos, aber in Frieden.

Das Gedicht wurde 1903 vom langjährigen Inselurlauber Geheimrat Dr. Hesselbarth aus Berlin verfasst, und ich muss jedes Mal, wenn ich es lese, eine Träne wegblinzeln. Was mögen das für Leben gewesen sein? Was für Unglücke mögen passiert sein? Was für ein brutales Wesen das Meer ist, das uns im Urlaub so glücklich macht.

Ein weiterer Gedenkstein gilt der Besatzung des Seenotrettungskreuzers *Adolph Bermpohl*. Das Schiff wurde bei schwerem Orkan im Februar 1967 zu einem niederländischen Fischkutter gerufen. Der Kutter konnte jedoch weder abgeschleppt werden, noch war es möglich, die Männer direkt an Bord der *Adolph Bermpohl* zu holen, sodass das Tochterboot *Vegesack* ausgesetzt wurde, das die Schiffbrüchigen an Bord nahm und im Windschatten des Rettungskreuzers nach Helgoland zurückfahren sollte. Der Funkverkehr brach ab, und weder die *Bermpohl* noch die *Vegesack* kamen auf Helgoland an. Die beiden Schiffe wurden später gefunden, einige der Männer konnten tot geborgen werden. Es gab keine Überlebenden. Die Insel ist bis heute erschüttert, man merkt es den älteren Helgoländerinnen und Helgoländern immer noch an, wenn der Name *Adolph Bermpohl* fällt.

So viel Tod auf der Düne.

Auf dem Weg zurück zum Fähranleger nasche ich eine Sanddornbeere, wie immer. Sie ist unfassbar sauer, wie immer. Kann man überhaupt nicht essen, ich tue es trotzdem. Ich mache immer alles so, wie ich es immer mache, jedenfalls auf Helgoland. Und das stimmt natürlich nicht, ich begegne zum Beispiel nicht immer kranken und toten Robben. Meistens sehe ich den Tieren einfach beim Faulenzen zu, beim Streiten oder beim Fortpflanzen oder den Jungen beim Spielen. Es ist nämlich nicht nur Tod auf der Düne, sondern vor allem viel Leben.

Irgendwann ist es Zeit für den Abschied. Das Buch muss fertig werden, der Inselaufenthalt geht zu Ende. Habe ich getan, was ich wollte? Ich drehe eine letzte Runde. Wenn ich eine Weile auf der Insel war, bin ich total entspannt. Wenn ich etwas geschrieben habe, bin ich eher unentspannt. Ich habe keine Ahnung, ob meine Arbeit etwas taugt, ob irgendjemand das alles lesen will, ich selbst habe es so oft gelesen, dass ich es nicht mehr beurteilen kann. Aber irgendwann muss man loslassen, denn sonst wird ein Text nie fertig. Ein Kollege sagte mal: »Übersetzen ist ein Mehlsack. Auch wenn man meint, man ist fertig, man hat ihn ausgeleert, es ist kein Mehl mehr drin: Sobald man draufklopft, kommt immer noch eine Staubwolke raus. Auch noch nach Jahren.« Das gilt natürlich nicht nur fürs Übersetzen, sondern für alle Texte, vielleicht für jegliche Kunst. *Fertig* ist man nie, man kann immer noch weitermachen, immer noch mal überarbeiten, etwas ergänzen, streichen, komplett ändern. Wann ist es fertig? *Fertig* ist immer auch eine Entscheidung (powered by deadlines). Es gibt natürlich eine lange Zeit, in der ein Text eindeutig *nicht fertig* ist. Und selbst wenn man ihn für fertig befindet und abgegeben hat, ist er noch nicht fertig. Dann kommt das Lektorat (die Lektorin hat im Idealfall zwischendurch schon immer mal etwas gelesen und kommentiert und angemerkt, vielleicht auch die Agentin und ein, zwei Freunde), man arbeitet die Korrekturen ein, und dann kommt die erste Fahne und dann die zweite, man guckt noch ein letztes Mal nach Tippfehlern und Kleinigkeiten. Irgendwann geht er in Druck. Bis zum Erscheinungstermin sind es aber noch ein paar Monate, und innerlich ist man vielleicht noch längst nicht fertig. Bevor mein letzter Roman erschien, habe ich wochen- und monatelang immer wieder geträumt, ich würde nackt durch die Stadt laufen. Denn natürlich macht man sich mit einem Roman irgendwie nackig; mal mehr, mal weniger. Man hat so viel von sich selbst reingelegt, Gedanken, Emotionen, man hat den professionellen Abstand zum eigenen Text verloren, und dann hat man irgendwann beschlossen, dass er jetzt *fertig* ist, und ihn in die Welt hinausgeschickt. Und dann kommt die Angst. Was, wenn das alles Mist ist? Wenn niemand es leiden kann? Wenn ich mich total übernommen habe? Was, wenn meine Freunde und die Buchhändlerinnen mich peinlich finden? Selbstbewusstsein, du unzuverlässiges Ding. Menschen sind verschieden, Autorinnen auch; für mich ist Schreiben eine große emotionale Anstrengung. Aber vielleicht kann es auch nur gut werden, wenn man Dinge schreibt, vor denen man Angst hat. Und wer will schon entscheiden, was gut ist?

Es ist Zeit für die Heimreise. Auf der Fahrt von Helgoland zurück aufs Festland wird man nicht ganz so leicht seekrank wie auf der Hinfahrt, weil man mit den Wellen fährt und nicht dagegen. Und tatsächlich gilt das auch für die Geschichte: Wenn sie fertig und abgegeben ist, schwanke ich zwar immer noch, aber nicht mehr so heftig wie vor dem leeren Blatt.

Tatsächlich ist, wenn ich fertig bin, der Zweifel nicht mehr allein. Es ist auch Freude da und Stolz. Schreiben ist eine Anstrengung. Aber etwas geschrieben zu haben, es fertig zu haben, ist fantastisch.

> »Wenn ich ein Gedicht beendet habe, bin ich immer sehr menschen- und tierfreundlich.«
> »Ich auch, Urgroßvater!«, rief ich.
> »Ja, Boy, das ist das süße Gefühl, mit etwas fertig geworden zu sein.«

Mit der Insel bin ich noch lange nicht fertig. Nur mit diesem Buch, mit diesem Besuch. Aber da ist noch mehr. Man ist nämlich doch nicht so schnell fertig mit dieser Insel, wie man meint, wenn man zum ersten Mal sieht, wie klein sie ist. Irgendwann will ich unbedingt eine Robbengeburt sehen, das habe ich bisher immer verpasst, genauso wie den Lummensprung. Und ich möchte unbedingt irgendwann im Strandkorb schlafen. Auf der Düne gibt es ein paar wenige Strandkörbe, in denen man mit zwei Personen übernachten kann. Michael sagt, das ist überhaupt nicht gemütlich, schon gar nicht bei schlechtem Wetter, und man hat natürlich auch keine Toilette, keine Dusche, kein Frühstück, kein nichts. Aber dann könnte ich hinterher immerhin behaupten, ich hätte es gemacht und es sei überhaupt nicht gemütlich gewesen. Bis dahin stelle ich es mir wunderbar vor, und irgendwann mache ich es.

Ich habe noch nie eine Inselrundfahrt mit dem Börteboot gemacht. Weil immer entweder das Wetter so schlecht war, dass das Boot nicht fuhr, oder weil es so gut war, dass ich lieber auf die Düne rübergefahren bin. Oder weil das Boot schon eine Viertelstunde vor Abfahrt voll war und ich nicht mehr mitkonnte. Oder weil ich vergessen hatte nachzugucken, wann es abfährt. Irgendwann schaffe ich es! Ich war auch noch nie im Vogelfanggarten, da gibt es gelegentlich Führungen für Gäste. Nächstes Mal spreche ich sofort einen Ornithologen an und frage ihn aus. Ich wurde noch nie ausgebootet, weil die Anreise mit dem Kat von Hamburg aus so bequem ist. Ich habe die Trachtengruppe nie erlebt, ein einziges Mal habe ich eine Frau in Helgoländer Tracht gesehen, sie war wunderschön. Ich war nie bei der Rock-and-Roll-Butterfahrt, dem »größten kleinsten Musikfestival der Welt«, das immer im April auf der Düne stattfindet. Dort wird vor allem Punkrock gespielt, nicht ganz meine Richtung, aber ich war auch mal in Wacken und fand es großartig. Ich habe den Shantychor »Helgoländer Karkfinken« nie gehört, ich weiß nicht mal, was Karkfinken sind. Ich habe noch nie Hummer gegessen. Ich habe eindeutig zu wenige Stunden draußen vor dem Dünenrestaurant gesessen. Und zu wenig den Basstölpeln zugeguckt. Und den Robben. Ich habe, anders gesagt, noch lange nicht genug.

Ich werde wiederkommen müssen. Immer wieder. Und schreiben werde ich auch wieder.

Danke

Ursel Allenstein, Zoë Beck, Karsten Berlin, Iris Binnewies, Anne von Canal, Lars Carstens, Maike Engelhardt, Mario Giordano, Barbara Grepel, Michael Janßen, Ruth Köhn, Birgit Krüss, Katja Lange-Müller, Eva Middeldorf, Friederike Moldenhauer, Klaus Nottmeyer, Marika Richters, Detlev Rickmers, Uwe Siemens, Saša Stanišić, Ute Weidemann

Quellen

James Krüss, *Mein Urgroßvater und ich*. Süddeutsche Zeitung: Junge Bibliothek: 2005. © für die Zitate auf den Seiten 9, 50, 65, 76 unten, 77, 79ff, 119: Verlag Friedrich Oetinger, Hamburg.

James Krüss, *Mein Urgroßvater, die Helden und ich*. Verlag Friedrich Oetinger: 2009. © für die Zitate auf den Seiten 63, 69, 70, 76 oben, 100, 107: Verlag Friedrich Oetinger, Hamburg.

Anthologie: *Zehn Gebote des Schreibens*, DVA: München 2011

Dokumentarfilm: *James Krüss oder Die Suche nach den glücklichen Inseln*. D 2007, Regie und Produktion: Martina Fluck

http://helgoland-genealogie.info/biografien/heinrich-carl-ludwig-gaetke/

Jeder ist eine Insel: Autorinnen und Autor

978-3-86648-646-1

978-3-86648-293-7

978-3-86648-611-9

978-3-936384-26-0